Dominique Chalvin

Tensions et conflits dans les relations personnelles

Comment s'en sortir

Issy-les-Moulineaux

esf
EDITEUR

Du même auteur

Dans cette collection

L'autodiagnostic des styles de management. À l'usage des cadres et des dirigeants, 4e édition, 1993.
Cultivez votre personnalité. Pour bien vivre ensemble, 2006.
Faire face au stress de la vie quotidienne, 5e édition, 1994.
Histoires des courants pédagogiques, 2e édition, 1999.
Les outils de base de l'analyse transactionnelle. Pour développer l'énergie des individus et des organisations, 8e édition, 2000.
Les nouveaux outils de l'analyse transactionnelle. Pour développer l'énergie des individus et des organisations, 7e édition, 2003.
L'affirmation de soi, 12e édition, 2003.
Formation : Méthodes et outils, 3e édition, 2004.
Du bon usage de la manipulation, 2006.

Dans la collection Management

Apprenez à vous connaître, 2005.
Libérez vos talents de managers, 2005.
Mieux vivre avec vote stress, 2005.
Optimisez vos relations avec les autres, 2004.

Chez d'autres éditeurs

L'anti-manuel de management, Éditions de l'Archipel, Paris, 1992.
Le management nouveau est arrivé, 60 dessins de Marc Chalvin, Grands principes et dures réalités, Éditions d'Organisation, 2004.
L'entreprise négociatrice, Éditions Dunod, Paris, nouvelle édition refondue, 1997, Prix IAE du management.
Styles de formateurs !, illustré par Marc Chalvin, Éditions d'Organisation, 2004.

Cassettes audio

Développez vos atouts personnels (12 cassettes).
Mieux communiquer grâce à votre cerveau.

Cassettes vidéo

Réussir vos réunions de travail (55 mn).
Mieux communiquer grâce à votre cerveau (55 mn).
Gérer les petits conflits dans le travail (55 mn).

Éditions Image pour la formation, 15, avenue de Ségur 75007, Paris.

Contact : Chalvin-formation : tél., rép., fax : 0175503138 Mobile : 0610708487, e-mail : tch@noos.fr

Division de Reed Business Information
2, rue Maurice-Hartmann, 92133 Issy-les-Moulineaux cedex
4e édition 2006

www.esf-editeur.fr

ISBN 2 7101 1807-6
ISSN 0768-2026

Comment tirer le meilleur parti de cet ouvrage?

Cet ouvrage a pour vocation de vous accompagner dans votre développement personnel et professionnel.

Pour remplir au mieux ces missions, il est constitué de 3 parties :

1 – La première partie, « **Comprendre les enjeux** », vous apporte les éclairages indispensables pour :

- ✓ acquérir une vue d'ensemble de la thématique;
- ✓ maîtriser la méthodologie;
- ✓ et découvrir les outils appropriés.

2 – La deuxième partie, « **Mettre en pratique** », vous permet de vous entraîner, et grâce aux exercices proposés, d'approfondir et d'assimiler la thématique développée tout au long de l'ouvrage. Les corrigés, quant à eux, permettent de faire le point sur la progression engagée et d'entamer un travail de réflexion personnel.

3 – La dernière partie, « **Pour aller plus loin** », vous propose :

- ✓ une bibliographie;
- ✓ un lexique;
- ✓ un programme de session de formation pour les professionnels qui souhaiteraient monter un stage de formation;
- ✓ un index.

Pour profiter au mieux des ressources de cet ouvrage, l'auteur a conçu un **plan d'autoformation** personnalisé qui vous conduira, étape par étape, à la maîtrise du sujet traité. Ce plan d'autoformation se trouve page suivante.

Bien entendu, vous pouvez également choisir de découvrir cet ouvrage de façon habituelle, en vous appuyant sur la table des matières que vous trouverez en page 5.

Nous espérons que cet ouvrage vous rendra les meilleurs services dans vos activités professionnelles et personnelles. N'hésitez pas à nous écrire pour nous faire part de vos remarques, critiques et suggestions :

ESF éditeur - Service Lecteurs
2, rue Maurice-Hartmann
92133 Issy-les-Moulineaux Cedex

Plan d'autoformation

1

Faire le premier exercice de l'exercice 1.

Lire le chapitre 1, section 1, paragraphe 1 : une typologie des attitudes initiatrices.

Terminer l'exercice 1, paragraphe 1, et passer au paragraphe 2.

2

Faire l'exercice 1, paragraphe 3.

Lire le chapitre 1 en entier.

3

Lire le chapitre 2, section 2.

Faire l'exercice 2, paragraphes 1 et 2.

4

Lire le chapitre 2, section 3.

Faire l'exercice 2, paragraphe 3, et 4.

5

Lire le chapitre 3.

Relire le chapitre 1.

Faire l'exercice 3.

6

Relire le chapitre 2.

Lire le chapitre 4.

Faire l'exercice 4.

7

Lire le chapitre 5.

Faire l'exercice 5.

Table des matières

2e partie – Mettre en pratique

3e partie – Pour aller plus loin

Première partie

COMPRENDRE LES ENJEUX

Introduction

Le stress le plus fréquent et le plus élevé vient en général des incompréhensions entre les personnes. Tensions et désaccords sont une source importante de démotivation. Elle est impressionnante la quantité d'énergie gaspillée à se battre, à préparer sa revanche ou à ranimer ses rancœurs. Pourtant cette immense force pourrait être disponible pour des activités positives si on arrivait à gérer les querelles personnelles. Mais chacun se sent gêné et coupable. Toute une tradition présente la vie normale comme une vie sans conflit. Les désaccords sont une faiblesse. De nombreuses théories des organisations prônent le consensus, le travail en équipe et la bonne entente comme une donnée naturelle de l'entreprise. Ces approches quelque peu théoriques sont irréelles et dangereuses, car elles sont source d'espérances injustifiées, suivies de culpabilité inutile, car, bien sûr, la réalité est tout autre. En effet, quoi de plus normal, de plus quotidien que les querelles entre personnes, tant au travail que dans la vie privée.

Il existe de nombreux ouvrages qui traitent de la négociation, de la résolution des problèmes, des conflits sociaux. Il est plus rare de parler des problèmes de personnes, au moins dans les livres. Car, dans la vie quotidienne un des grands sujets de conversation concerne précisément ces tensions personnelles, ces désaccords entre monsieur X et madame Y, ces querelles incessantes entre le siège et l'usine, plus précisément entre une personne du siège et son collègue de l'usine. Le réflexe habituel dans ce genre de conflit est de penser que son interlocuteur est « un type impossible », que tout est de la faute de l'autre. Évidemment, la seule solution qui paraît raisonnable et réaliste, est la séparation. Or, dans la vie professionnelle (et souvent dans la vie privée aussi), cette solution n'est pas si simple à mettre en œuvre et se trouve être finalement rarement possible. Il faut continuer de vivre avec des personnes avec lesquelles on n'est pas toujours d'accord. D'autant que chacun sait que cacher et étouffer les désaccords peut être tout à fait nuisible. Au contraire, un conflit peut être une belle opportunité d'approfondir, d'innover et de faire avancer les choses.

Mais très souvent, hélas, le conflit est vécu douloureusement, chacun gaspille son énergie ! Que faire ? Comment s'en sortir ? Comment arriver à aborder et gérer les tensions et les désaccords avec calme et raison, gages de solutions constructives ?

Ce livre vous propose une méthode pour y arriver [1]. Il part d'une constatation : les désaccords et les querelles s'accompagnent souvent d'attitudes négatives, de positions de force excessives ou irréalistes, de sous-entendus brouillant la communication, de susceptibilités et fragilités personnelles qui n'ont rien à voir avec le sujet traité, de sentiments et d'émotions qui empêchent toute objectivité, de stress qui provoque des comportements déraisonnables, de blocages qui créent passivité ou agressivité excessives, etc. Tous ces phénomènes trop affectifs et peu rationnels empêchent que le désaccord soit une belle opportunité de traiter efficacement les problèmes qui existent en trouvant des solutions constructives. À partir de cette constatation, ce livre montre comment découvrir les origines cachées des conflits et en particulier les phénomènes que nous venons de citer (chapitre 1). Il propose ensuite une démarche pour trouver des issues opportunes, en traitant ces facteurs souterrains et en gérant les causes personnelles (chapitre 2). Puis il décrit 30 conflits typiques, en montrant comment la méthode peut s'appliquer pour trouver des moyens de s'en sortir pour chaque cas présenté : les connaître permet aussi de les prévenir et de les éviter plus facilement (chapitres 3, 4, 5).

S'en sortir ne voudra pas forcément dire que la personne concernée arrivera à un accord avec l'interlocuteur avec lequel elle est en conflit. En effet, les divergences objectives et les conflits d'intérêt peuvent être trop importants pour arriver rapidement à une solution. Mais, avec cette méthode, chacun sera en situation optimale pour arriver à traiter le désaccord, à trouver des issues pratiques qui auront des formes variées. Ce pourra être aussi bien prévenir le conflit, que savoir l'éviter, ou mieux l'utiliser, ou bien le gérer, ou aussi, fort heureusement, arriver à le résoudre, définitivement.

Ainsi ce livre donne les moyens de continuer à vivre ensemble avec le plus de bonheur et d'efficacité possible, en tenant compte de sa situation, de son contexte et de sa personnalité. C'est pour cela qu'il a été écrit.

1. Cette méthode s'inspire de l'Analyse transactionnelle, complétée par d'autres approches : PNL, Process Com, Vérité (Schutz), les découvertes du cerveau, les systémies, l'approche paradoxale de Watzlawick, l'affirmation de soi et la gestion du stress.

1

CHAPITRE

Découvrir les origines cachées

Querelles, dissensions, conflits ou désaccords ne sont pas toujours ce que l'on croit. Derrière le débat rationnel et technique se cachent souvent des raisons plus secrètes, peu conscientes, sinon peu avouables. Et pourtant, ce sont elles les origines les plus lourdes et décisives du conflit. En tout cas, elles empêchent toute approche raisonnable et logique. Comme nous le savons, des désaccords objectifs dus à des intérêts ou des fonctions différentes ne peuvent pas être définitivement résolus. Mais, si les origines irrationnelles et personnelles peuvent être trouvées et, par-delà, traitées et donc diminuées, les chances d'une gestion efficace des désaccords croissent d'autant. Ce chapitre va nous permettre de dévoiler plusieurs de ces origines cachées et nous mettre en meilleure position pour adopter les démarches efficaces qui permettent d'en sortir. Mais cette analyse ne concerne pas tous les types de dissensions. De quoi parlons-nous?

1. Une démarche pour les conflits interpersonnels

Dans la vie quotidienne du travail, chacun vit des conflits de différente nature et de différente intensité : les conflits sociaux, les conflits traditionnels et les conflits individuels. Examinons chacun d'eux.

1.1 Les conflits sociaux

Conflits collectifs, organisés par des structures syndicales et reposant sur une mobilisation des salariés dans l'entreprise, les conflits sociaux ont connu ces dernières années une profonde évolution que l'on peut caractériser en deux points :

– le conflit social est sorti de l'entreprise : à la grève, longtemps seul symbole du conflit social, se sont substituées des formes d'action très diverses, spectaculaires, qui ont pour objectifs d'attirer l'attention des médias et sensibiliser l'opinion publique : occupations d'édifices publics, marches, barrages de routes ou de voies ferrées, etc. ;

– le conflit social est devenu l'affaire de spécialistes : la complexité croissante et les multiples implications des négociations sociales ont donné naissance à une caste de spécialistes qui interviennent systématiquement dès qu'un conflit démarre. Le phénomène est valable pour l'ensemble des partenaires sociaux : syndicats, État, patronat ou direction centrale de l'entreprise.

Ainsi, les relations sociales difficiles vécues au quotidien, dans le travail, par les cadres et les représentants du personnel pourraient se partager en deux parties : les « grands » conflits, suite à des mots d'ordre nationaux ou de branche, qui échappent presque complètement à la responsabilité des uns et des autres sur le plan local, et les « petits » conflits qui mettent aux prises chaque jour, sur un domaine qu'ils peuvent traiter, les responsables et les représentants du personnel.

Ce livre n'a pas pour objet de traiter des grands conflits, des techniques de négociation collective ou de stratégie syndicale. En revanche, les rapports quotidiens du chef de service et d'un délégué syndical cadrent parfaitement avec son objet.

De cette relation humaine, bonne ou mauvaise, qui s'instaure entre deux hommes, dépend en grande partie un bon climat social. Les conflits individuels, quels que soient les titres et les situations particulières des protagonistes, s'analysent selon la même méthode. Et plus que pour d'autres peut-être, il convient d'en sortir.

1.2 Les conflits quotidiens

Ils appartiennent à la vie des entreprises et beaucoup considèrent qu'ils ne cesseront jamais. Ce sont des conflits qui regroupent des individus autour d'une même collectivité d'intérêts et soudent leur solidarité par la lutte avec une collectivité voisine. Citons pour mémoire les plus fréquents :

– c'est le siège « qui ne connaît pas nos problèmes », habité de bureaucrates incompétents et « planqués » dans des locaux luxueux, alors que nous, nous trimons dans des conditions de travail pénibles (bruit, poussière, insalubrité...) ;

– ce sont les vendeurs « qui ne savent pas vendre ce qui est difficile, qui ne pensent qu'à faire du volume et veulent toujours nous fabriquer des "moutons à cinq pattes" pour plaire à leur clients, sans penser à la rentabilité ». Sans parler de tous ceux « qui passent leur temps au restaurant et fréquentent les hôtels de luxe »... et c'est le marketing qui crée des produits sans écouter l'air du terrain ;

– ce sont les finances « qui coupent bras et jambes, au point que la société ne pourra bientôt plus marcher ». Et c'est le crédit qui considère tous les clients comme des menteurs;

– ce sont les managers qui ne nous écoutent jamais et ne se rendent pas compte de ce qu'ils nous demandent sans nous donner les moyens. Et c'est le personnel qui manque de conscience professionnelle et ne recherche qu'à en faire le moins possible... sans parler des demandes sociales sans mesure et hors de proportion avec les possibilités réelles de l'entreprise.

Mais il y a aussi les conflits « patriotiques » d'un service contre d'autres services. Ces conflits sont supportés par tout le personnel mais comportent un côté humain et presque chaleureux. Les salariés ont le sentiment d'appartenir à un groupe uni, sûr de sa morale, dont le champion, le directeur, part se battre de tournoi en tournoi : les réunions; le comité de direction. Sa force et son image de marque se forgeront jour après jour lorsqu'il fera profiter son équipe des réunions tumultueuses avec ses collègues, des colères au téléphone ou d'attitudes cassantes en public.

Lorsque les relations personnelles se détériorent entre les managers les conflits se renforcent au point de glisser parfois vers des « histoires » un peu plus dures (machination, mauvais coups, alliances renversées, pièges), qui laisseront des traces profondes et durables dans l'entreprise. Les conflits trop aigus conduisent à une crispation des énergies sans négociation possible. Tout peut être une manœuvre : la passivité et l'attentisme deviennent la règle.

Là encore, les multiples causes de conflit ou de « paix des braves » partent des relations humaines qui peuvent se nouer entre les responsables à tous les niveaux, sachant que pour tous les dirigeants, mais aussi pour la qualité de vie au travail d'un grand nombre de salariés, la bonne communication inter-services devient une nécessité pour l'efficacité.

Ceci est d'autant plus d'actualité avec le développement des structures en réseaux, le management par projet, les rachats et les fusions, où la nécessité de bien travailler ensemble ne fait que croître.

Comment s'en sortir? L'objet de ce livre est d'apporter une réponse en forme de méthode, fondée sur l'analyse concrète des attitudes et des sentiments qui animent les acteurs du conflit.

1.3 Les conflits individuels

Ce sont les problèmes ressentis par un individu face à un autre individu à l'occasion des relations normales du travail. Ces conflits peuvent se classer en deux types :

• **Hiérarchiques** : ils mettent en jeu des relations de subordonné (conflit avec son patron) ou de supérieur (conflit de commandement;

conflit entre subordonnés de son service). Ce type de conflit est caractéristique de tout responsable qui doit, au-delà de sa technique, gérer du personnel. Les difficultés quotidiennes rencontrées laissent la plupart d'entre eux quelque peu désemparés devant la marche à suivre.

• **Personnels** : ils tiennent à l'individu; sa façon d'être, d'agir, de parler, de décider. Les « querelles de personnes » qui font que X et Y ne s'entendent pas, et d'ailleurs ne se parlent pas, tiennent le plus souvent à des « petits rien » qui n'ont jamais été abordés par les intéressés. Avec pour résultat un conflit tacite qui entraîne une perte d'efficacité importante.

Dans les chapitres suivants, nous analyserons avec précision les séquences types des conflits en cherchant à détacher les points clés sur lesquels l'individu peut agir.

En définitive, ce livre aborde le problème des conflits en partant de l'individu, qu'il soit syndicaliste, directeur, employé ou chef de service, et des relations quotidiennes qu'il peut nouer avec son environnement social. Ce sont les querelles, les dissensions, les désaccords entre les personnes. Ce sont les conflits où le poids des comportements et des attitudes personnels est décisif pour une issue heureuse ou malheureuse.

Querelles, conflits, disputes, désaccords...

– Positifs ? s'ils sont une opportunité pour mieux traiter les problèmes et trouver des solutions nouvelles...

– Négatifs ? s'ils empêchent de travailler efficacement ensemble...

2. Découvrir les facteurs souterrains qui déclenchent les conflits

Ils sont nombreux et chacun a son répertoire suivant l'entreprise où il vit. Nous avons retenu les plus fréquents et les plus typiques.

2.1 Une typologie des attitudes initiatrices les plus fréquentes

Voici une typologie de ces attitudes initiatrices qui va permettre à chacun de les découvrir plus facilement. Chaque type et ses variantes sont décrits en détail dans les chapitres 3, 4 et 5, pour faciliter l'analyse.

L'attitude de persécuteur et ses variantes

La personne se croit obligée ou estime efficace d'être très sévère et méchante alors que ce n'est pas nécessaire. Elle attaque, brime, provoque la rancune. Elle s'imagine aussi qu'elle va pouvoir écraser l'autre et que cela va résoudre son problème, alors que rien n'est moins sûr.

Le persécuteur est souvent quelqu'un qui veut se venger d'une frustration… une revanche irréaliste sur d'autres personnes que celles qui ont été à l'origine de sa frustration…

Parfois la situation apparaît avantageuse pour le persécuteur qui gagne en écrasant la personne, mais c'est une victoire à court terme, car les rancunes s'accumulent et les conflits ressortent avec davantage de violence.

Définition du persécuteur

Attitude d'une personne sévère, rigide et arbitraire : elle exige des autres des actions trop difficiles à appliquer, inutiles ou humiliantes, ce qui provoque persécution ou conflit.

Voici les 10 types de conflits les plus fréquents provoqués par l'attitude de persécuteur.

Types de conflits selon les persécuteurs

1. Les dictateurs	Au pied Incitation au meurtre
2. Les guerriers	Le bras de fer Cette fois, je le tiens
3. Les dévalorisateurs	La critique systématique Les mauvaises langues
4. Les innocents	L'amnésique Trop poli
5. Les manœuvriers	Dramaturgie L'appeau

L'attitude de sauveur et ses variantes

La personne a une attitude de sauveur alors que ce n'est ni le lieu, ni l'heure, qu'elle n'a ni le goût, ni la compétence… (sans bien s'en rendre compte…), espérant mieux s'en tirer en redéfinissant la situation, c'est-à-dire en l'interprétant à sa façon : alors qu'il n'est pas efficace d'être sauveur, elle diagnostique au contraire que le plus astucieux est d'être sauveur, ce qui ne rend pas service à la personne et la met en position de « fausse-aide », puisqu'il y a erreur d'interprétation de ce qu'exige la situation et des besoins réels de l'interlocuteur.

Elle étouffe son interlocuteur de sa sollicitude inefficace, créant la passivité d'une personne trop assistée. Elle a peur de réfléchir, en regardant la réalité en face pour cerner ce qu'il est approprié de faire, plutôt que de se précipiter à vouloir sauver la situation à tout prix. Elle espère obtenir de la reconnaissance, ce qui est souvent illusoire. Le sauveur est en manque de gratitude.

Dans un premier temps, elle a l'air de résoudre le problème et chacun s'en réjouit. Mais elle ne fait qu'étouffer l'affaire qui ressort ensuite plus lourde et pénible. Pour éviter le conflit, la personne l'a empiré. Ce sont là les dangers cachés des sauveurs. Voilà une cause inattendue de querelles : la gentillesse.

Définition du sauveur

C'est l'attitude d'une personne qui veut aider les autres et arranger les choses alors qu'elle n'en est pas réellement chargée, a peu de compétence et de moyens pour y arriver, n'en a pas envie, en fait beaucoup trop, sans se préoccuper de ce que veut réellement la personne, ce qui provoque et perpétue un conflit.

Voici les 10 types de conflits les plus fréquents provoqués par l'attitude de sauveur :

Types de conflits selon les sauveurs

1. Les optimistes	Ça ira, ça ira Les colombes
2. Les illusionnistes	Tous dans le même bateau Je vous défendrai toujours

3. Les magiciens	Je sais ce qui est bon pour vous Il n'y a qu'à... Il faut
4. Les serviables	Au four et au moulin L'arrangeur arrosé
5. Les interventionnistes	Le programme pompier L'arbitre

L'attitude de victime et ses variantes

Elle apitoie, attise, énerve, excite. La personne se croit obligée d'adopter l'attitude de victime (plus ou moins consciemment) pour se protéger.

Soit la victime soumise, pleureuse qui attire les brimades, accumule les rancunes, la victime avide qui vit un désir comme un besoin impérieux et nécessaire, attitude souvent associée à la peur de perdre quelqu'un ou quelque chose ou d'être abandonnée ou séparée : celle qui tend la joue... Elle attire les critiques, suscite le désir de revanche.

Ainsi, cette attitude appelle ou provoque le conflit. Ce phénomène paraît bien étonnant. Qui aurait cru que la victime d'un conflit en soit à l'origine ? Voilà une cause encore plus inattendue et bien cachée. C'est pourquoi elle est si utile à connaître.

Le chapitre 5 en donnera de nombreux exemples. Certes, il existe très souvent de véritables victimes malheureuses qui subissent les conflits sans en être à l'origine. La typologie et les exemples vous aideront à cerner les victimes à l'origine des dissensions et les autres.

Définition de victimes

La victime malheureuse : c'est l'attitude d'une personne qui, se sentant brimée, exagère démesurément ses ennuis, pour attirer la bienveillance des autres ; elle est anxieuse, défaitiste, influençable et confuse dans ses propos, ce qui provoque ou perpétue un conflit.

La victime provocatrice : c'est l'attitude d'une personne qui attire sur elle les ennuis, affirmant que c'est la faute des autres, espérant ainsi échapper aux conflits alors qu'elle les provoque et les perpétue tout en s'en plaignant.

Voici les 10 types de conflits les plus fréquents provoqués par l'attitude de victime.

Types de conflits selon les victimes

1. Les éreintés	Marche ou crève Débordés
2. Les malheureux	Gémir Et pourtant, j'ai tout fait
3. Les malchanceux	Engueulez-moi, merci Seul au monde
4. Les irresponsables	Ce n'est pas moi, c'est lui Fais-le à ma place
5. Les pessimistes	Ce n'est pas possible Je ne comprends rien

Les relations perverses entre ces attitudes

Il arrive qu'une personne passe d'une attitude à l'autre au cours d'un conflit. C'est souvent la cause de la continuation des dissensions. C'est une difficulté supplémentaire pour en cerner les origines cachées.

Par exemple, le sauveur devient victime puisqu'il n'obtient pas la reconnaissance espérée et se met à développer de la rancœur et de la persécution contre la victime qui n'a pas été reconnaissante.

Un comportement maladroit pour tenter d'arrêter le conflit est souvent à l'origine de la perversité des dissensions par le changement d'attitude des protagonistes : l'attaquant se sent victime attaquée et tente de manipuler son interlocuteur pour lui faire adopter une attitude de sauveur qui va vouloir tout arranger en n'arrangeant rien, etc., et la ronde des malentendus et des désaccords se poursuit. D'autres relations perverses entre ces attitudes se jouent entre l'attitude extérieure visible et l'attitude intérieure invisible. Voici quelques exemples.

> *– Le juste irrité : persécuteur extérieur et victime cachée.*
>
> Derrière le moralisateur-persécuteur, se cache un malheureux qui veut se défendre de l'être. Souvent, il va dans le triangle, et le côté victime va apparaître « Vous êtes injuste avec moi… je ne fais que mon devoir… Dur pour moi, dur pour les autres… »
>
> *– Le raté peiné : persécuteur extérieur (concernant le passé) et victime cachée.*
>
> Il fuit sa responsabilité en reprochant (persécuté) à vous et à tous les autres de l'avoir fait rater. Bientôt, le rôle caché de victime apparaît à l'extérieur.

> – *Le « secouriste » : sauveur à l'extérieur et victime cachée.*
>
> Il se présente à vous en malheureux et, si vous ne vous méfiez pas, il va bientôt vous dire que c'est votre faute…
>
> – *Le raté irrité : victime extérieure et sauveur caché.*
>
> Il se présente en malheureux et si vous ne le regardez pas, il va bientôt vous reprocher votre égoïsme.

Parfois, les protagonistes d'une querelle passent par toutes les attitudes.

2.2 Les rapports de force et le poids des influences

Il est une tradition quelque peu romantique qui traite les problèmes des relations humaines sans évoquer ce facteur pourtant décisif. Il en est une autre qui privilégie le seul rapport cynique des forces en présence pour régler les dissensions et les querelles[1]. Il existe une troisième voie, la nôtre, où ce facteur doit être pris en compte par simple réalisme, si l'on veut aboutir à des solutions applicables. Le mot *pouvoir* a ici le sens d'influence, de capacité à faire accepter son point de vue et de faire agir en conséquence. Une attitude réaliste sur les phénomènes de pouvoir réciproque est une clé essentielle pour trouver une issue au conflit. Mais il convient de ne pas s'en tenir au statut officiel de pouvoir et de bien analyser les rapports concrets d'influence. Le pouvoir peut être plus secret qu'il n'en a l'air. Qu'est-ce qui donne du pouvoir et rend influent?

Budget et personnalité

Ce sont les sources les plus connues. En effet, les batailles pour garder et accroître son budget sont des batailles d'influence. Celui qui a les moyens est plus fort que celui qui les demande, et celui qui les octroie a un pouvoir décisif. La propriété demeure une source importante de pouvoir. Au travail, il s'agit surtout des avantages acquis possédés et, par là même, difficiles à remettre en cause, pas seulement des avantages sociaux, mais des bureaux, des emplacements, des facilités d'absence. Les plus anciens ont souvent cette mentalité de propriétaire et celui qui n'en tient pas compte dans le rapport de force le regrette souvent par la suite. Bien connu également, le fait d'avoir une personnalité qui en impose naturellement : combativité associée à une compréhension rapide de la situation, fermeté et douceur, maîtrise de soi et obstination, goût du contact et dynamisme, aptitude à la négociation, art de convaincre, etc.

1. Cf. D. Chalvin, *L'entreprise négociatrice. Ni cynique, ni romantique*, Dunod, 1997.

Compétence et résultats

L'autorité de compétence apparaît plus légitime qu'une autre, ce qui la renforce encore. Les compétences varient selon les problèmes et les situations. En période de concurrence forte, toutes compétences qui assurent mieux qualité et service vont rendre influent celui qui les possède.

Les contrôleurs de gestion savent bien aussi que le système d'organisation qui permet à quelqu'un de pouvoir, chiffres en main, revendiquer de bons résultats, grâce à son action, donne du pouvoir à cette personne. Cette capacité à obtenir des bons résultats devient actuellement une compétence de plus en plus importante et, donc, rend influent celui qui la possède. Elle est directement liée à une quantité personnelle stratégique; savoir organiser son temps; celui qui a du temps est plus fort que celui qui manque de temps.

Liens avec son milieu de travail

Tout d'abord avec son milieu immédiat : la proximité avec les autres permet de mieux les connaître et, par là, de mieux savoir s'y prendre avec eux pour les influencer. Être le protecteur d'un groupe, son bouclier contre les agressions extérieures (le siège, les contrôleurs, etc.) donne du pouvoir. Il est proche, il est avec et pour nous. Dans un désaccord, les protagonistes sont souvent les porte-parole de groupes opposés. Celui qui est le plus représentatif gagne sur celui qui l'est moins, surtout si, en même temps, il partage et défend les mêmes valeurs. De même, celui qui peut prétendre parler au nom d'une autre autorité à laquelle il est fortement relié, se trouve quasiment investi du pouvoir de cette même autorité : « je viens de la part de la direction »... ou bien, « je représente tel gros client... » Être utile aux autres, rendre service ou arranger une situation restent des moyens simples d'étendre son influence, comme tout ce qui permet d'être bien vu dans son milieu de travail; devenir ainsi l'indispensable, sinon l'incontournable.

L'information et la loi

Il est bien connu que celui qui possède davantage d'information (et sait s'en servir) que son interlocuteur est en meilleur rapport d'influence. Mais il existe d'autres exemples. Être en position de relais entre deux personnes ou deux groupes qui peuvent difficilement s'échanger leurs informations donnent « le pouvoir aux frontières ». Dans les périodes d'incertitude, celui qui peut la diminuer, en donnant des nouvelles, acquiert immédiatement de l'influence. Celui qui possède un secret gagne sur celui qui ne l'a pas, si ce secret est utile. De façon générale, si une information nécessaire est rare et difficile d'accès, son possesseur est riche d'influence, automatiquement. Toutes les informations qui concernent les lois, les règlements, les normes, donnent de l'autorité, car la loi est par elle-même le pouvoir. Personne n'est au-dessus des lois. La connaître, s'identifier à la loi, la représenter, la garder, la créer, l'énoncer ou savoir l'interpréter vous rendent influent. Au cours d'un désaccord, celui qui a la loi pour lui est en meilleure position. Mais aussi, celui qui peut contourner la loi ou la bafouer sans avoir d'ennui prend du pouvoir sur l'honnête homme, respectueux de la loi. Certains conflits, hélas, le montrent.

2.3 Les non-dits et les sous-entendus

Leur présence est directement liée au climat de liberté. Si la liberté d'expression est faible, personne n'osera exprimer son avis et ses sentiments. Mais chacun connaît en général les codes et les transmet aux nouveaux qui arrivent. Il suffit d'être attentif et de ne pas « prendre pour argent comptant » ce qui se dit au cours de l'entretien ou de la réunion pour déceler facilement le message réel derrière la façade. Si votre manager vous dit : « Parlons franchement pour régler ce désaccord », vous savez qu'il a l'habitude d'employer cette expression dès qu'il ne va pas parler franchement (sinon, pourquoi le dirait-il, car, en principe, si on parle, c'est pour dire ce qui est vrai). « Dites-moi tout ce que vous en pensez, tout ceci restera entre nous… » Est-ce bien raisonnable et nécessaire de « tout dire » à son patron ? Est-ce si sûr que tout ceci restera entre nous ? Le message caché est peut-être : « Je vais vous tirer les vers du nez… sans que vous vous en aperceviez et j'en profiterai ».

Si réfléchir aux possibles sous-entendus est très utile pour analyser un désaccord (on en verra de nombreux exemples), il convient de ne pas tomber dans une méfiance excessive et une paranoïa dangereuse qui ne feront que provoquer de nouveaux conflits. L'intérêt de cette analyse est d'adopter une attitude adaptée à la situation concrète est réelle (la situation cachée) et donc de trouver plus facilement les moyens de gérer le conflit.

2.4 Les fragilités sociales et personnelles

Le partenaire du conflit appâte l'autre en le provoquant ou l'accrochant sur un point sensible de sa situation, de son caractère, l'autre répond quasi automatiquement à ce qu'il vit comme une provocation et le conflit s'enclenche. Passons en revue quelques exemples typiques de fragilités sociales ou personnelles qui engendrent facilement des querelles ou des tensions.

• L'apparence physique : la petite (ou trop grande) taille, le poids (insuffisant ou excessif), la beauté ou la laideur peuvent être sources de complexes chez la personne et provoquer des susceptibilités, sources de tensions. La personne entend des messages cachés : « Il me croit faible parce que je suis petit, il va voir combien il se trompe... » et la personne va avoir une attitude excessive (agressive et persécutrice).

• L'âge (vous les jeunes... ou la peur d'être mis dans la catégorie des anciens dépassés), le sexe (« vous me dites ça, parce que je suis une femme... »), la nationalité, etc., ou toute appartenance à un groupe social donné peuvent être occasions d'accroche et de susceptibilité : « Vous autres au siège... Vous les vendeurs... Vous les énarques... Vous les polytechniciens (chacun a pu remarquer que cette catégorie de personne n'ose pas annoncer son diplôme dans certains milieux...).

• La performance professionnelle nécessaire et incontournable dans le travail, les compétitions sévères, les peurs d'échecs, les obligations de réussite, etc., sont bien utiles pour le succès de l'entreprise, mais sont aussi occasions de susceptibilités dangereuses.

• Les motivations personnelles sont la clé de la dynamique de la réussite au travail, mais peuvent aussi faciliter les attitudes provocatrices de conflits : le désir de puissance, de reconnaissance de sa valeur, d'avoir raison, de ne pas se laisser faire (et bien d'autres) peuvent engendrer des comportements de persécuteur quand la personne est provoquée sur ce point sensible. De même le désir de plaire à tous ou d'être gentil et accepté pousse la personne à vouloir « sauver » les autres de façon inconsidérée.

• Les convictions sont un atout dans la vie mais elles peuvent aussi mettre en position délicate, source de conflit : chacun sait qu'il ne vaut mieux pas parler politique, pour éviter les querelles. Plus subtil, un souci excessif d'être en accord avec ses convictions peut rendre intolérant (persécuteur) ou facilite une mise en dépendance préjudiciable vis-à-vis des autres (victime) : il suffit que votre interlocuteur fasse appel à votre sens bien connu de l'équité pour que vous vous sentiez coupable et que vous accordiez trop facilement ce qu'il demande (sauveur).

3. Cerner les causes personnelles peu visibles

Chacun a sa façon très personnelle de vivre un conflit : sentiment, émotion, fantasme, stress, irréalisme se mêlent. Pour en sortir il convient déjà d'y voir plus clair que si nous subissions la querelle, ou que nous l'ayons maladroitement enclenchée. Tout ce qui va être expliqué s'adapte aux deux cas.

3.1 Les messages des sentiments et des émotions

L'être humain a un cerveau capable de communiquer avec les autres sans l'aide des mots, grâce à son système limbique [2] : ensemble des

2. Cf. D. Chalvin, *Cultivez votre personnalité*, ESF éditeur, 2006.

structures du cerveau qui joue un rôle essentiel dans les conduites affectives et émotionnelles. Ce phénomène est particulièrement important en cas de querelles ou disputes. Savoir lire les messages des sentiments est très utile en période de tension.

La colère

– Elle est fréquente et facilement repérable, qu'elle soit froide et contenue ou chaude et tonitruante. Le message est : j'en ai assez de cette situation, je souhaite un changement mais je n'y arrive pas, je suis devant un obstacle insurmontable et je me mets en énergie et en puissance pour me donner des forces pour le surmonter.

– Mais le message peut être faussé et la personne se met en colère contre vous, parce que vous êtes là, mais, en fait, elle s'adresse à d'autres. Vous avez été la goutte d'eau qui a fait déborder le vase. La personne s'était retenue (trop, sans doute) et maintenant elle n'y tient plus. Vous recevez cette colère, parce que vous êtes là, mais elle s'adresse à d'autres personnes qui ne sont pas là.

– Enfin, cette colère peut cacher un autre sentiment et donc un autre message. C'est souvent la peur qui se cache derrière la colère. En effet, il n'est pas toujours admis dans le travail que l'on puisse avoir peur (surtout un homme, et un homme responsable), alors la seule issue pour exprimer son émotion, reste la colère, sentiment de remplacement ! Ce sera le message de la peur que la personne envoie.

La peur

– Elle est souvent associée à la pâleur et à la tension musculaire, en particulier au niveau du ventre… « la peur au ventre » (si c'est vous, c'est une indication… Quelle est ma peur ?…). La peur peut être bonne conseillère et à l'origine d'attitudes de prudence utiles et bienvenues. Mais elle peut être aussi source d'attaques excessives pour se défendre (persécuteur), de gentillesses inadaptées pour être assuré que ses interlocuteurs ne seront pas dangereux : la peur des autres qui engendre des attitudes de sauveur. Enfin, la peur peut amener la personne à rechercher la protection, en se mettant en position de faible victime craintive. Le message du sentiment de peur est donc clair : « De quoi, de qui, ai-je peur ? Qu'est-ce qui peut m'apporter une sécurité pour diminuer ma peur ? »

– Mais cette peur peut n'être pas liée directement à la situation actuelle mais à un ensemble de vieux souvenirs accumulés, et les événements présents ne sont que la goutte d'eau qui provoque une peur excessive. Cette personne n'ose pas parler de ses peurs, anciennes et actuelles, souvent liées à la crainte d'être abandonnée.

– Mais cette peur peut cacher un autre sentiment : la tristesse. Souvent, dans le travail, il convient d'être dynamique, en pleine forme pour être bien vu. La déprime n'est pas forcément le genre de la maison. Seules, la peur et la crainte sont admises.

Alors, pour exprimer sa tristesse, la personne utilise le sentiment permis : la peur.

La tristesse

– La personne ressent un malaise, a la gorge serrée, n'est pas en forme, trouve que tout va mal, n'a jamais de chance (une fois de plus c'est sur elle que les ennuis tombent...). Le sentiment engendre une attitude de victime (voir au chapitre 5 tous les conflits causés par cette attitude). Mais il peut aussi provoquer une attitude de persécuteur : elle en veut au monde entier. Jamais contente de son sort, elle se venge et attaque tous ceux qui sont la cause de sa tristesse (chapitre 4). Selon les circonstances, la tristesse peut pousser la personne à vouloir consoler tout le monde à tort et à travers (chapitre 5, le sauveur). Son message, exprimé par le sentiment de tristesse, est le suivant : j'ai besoin de réconfort, j'ai besoin d'être entouré. J'ai le sentiment d'avoir perdu quelque chose ou quelqu'un auquel je tenais... que faire?
– Cette tristesse peut n'avoir qu'un lien bien ténu avec la situation vécue, qui n'est que l'occasion d'exprimer bien d'autres tristesses accumulées. C'est pourquoi la tristesse manifestée paraît excessive en considération des ennuis que la personne subit. Il faudra donc agir autrement.

– Enfin, si cette personne a l'air de déprimer un peu tout le temps, pour un oui ou pour un non, il y a de bonnes chances que ce soit son sentiment « passe-partout » à la place d'un autre, caché et interdit. Souvent, la colère se cache derrière la tristesse. Dans ce cas, ce sera donc au message de colère qu'il faudra répondre, c'est-à-dire réfléchir au changement ainsi demandé.

La joie

Il semble étonnant au premier abord que le sentiment de joie puisse être négatif. Pourtant, quelques exemples vont facilement le démontrer.

– Si la personne est satisfaite, heureuse de son sort et que vous lui proposez un changement, elle refusera et le conflit sera dur. Son message : « Laissez les choses comme elles sont ». Mais elle ajoute : « Pour les points qui ne me tiennent pas à cœur, je peux changer ».
– Méfiez-vous si cette joie est permanente. Ce léger sourire asiatique en toutes circonstances, méfiez-vous, cela ne veut pas dire qu'elle est d'accord et que l'issue du conflit est proche. Elle a plutôt l'interdiction sociale

de manifester son désaccord et cache ses sentiments. Le conflit demeure, peut-être, plus dangereux; elle manifestera une bonne volonté inefficace (sauveur) qui fera croire à un arrangement, qui, en fait, n'arrange rien.

3.2 Les fantasmes et les représentations illusoires de sa situation

Il est fréquent, en cas de tensions et conflits, de se tromper sur sa situation réelle et sur celle de l'autre. C'est souvent une cause de blocage et d'impasse qui gênent la résolution d'un désaccord.

Comment être plus lucide? Voici une grille des quelques bonnes questions à se poser.

Les trois représentations irréalistes

Une grille des représentations permet de faire un diagnostic de ses propres fantasmes et de ceux des autres. Cette perception est liée à de nombreux facteurs de personnalité, eux-mêmes liés à des conditionnements d'enfance : place dans la famille, dans la société, initiation des parents. Elle dépend également des habitudes prises dans les relations et répond à la question que chacun se pose à l'intérieur de lui-même. Pour faire face à une relation difficile, quelle position prendre? Me mettre en supériorité, me mettre en infériorité, m'évader... Des habitudes sont prises, des traditions paresseuses s'instaurent entre gens qui travaillent souvent ensemble. Le conflit se perpétue par ces fantasmes de supériorité nécessaire, d'infériorité fatale ou d'évasion paresseuse.

Les rôles défensifs de persécuteur, sauveur ou victime, décrits tout à l'heure, se renforcent des fantasmes de supériorité, ou d'infériorité. Persécuteur et sauveur ont l'idée qu'ils ne peuvent s'en sortir dans un conflit qu'en faisant « les supérieurs » pour dominer la situation par l'attaque ou l'étouffement; les victimes s'imaginent ne pouvoir s'en sortir qu'en se mettant en position d'infériorité pour vite être plaintes et excusées. Pointer ces mécanismes psychologiques chez soi et chez les autres, permet de revenir à une vue plus pragmatique et réaliste des partenaires en présence dans le conflit. Il existe trois représentations irréalistes de sa position vis-à-vis des autres par chacun. Elles déterminent trois attitudes inefficaces en cas de conflit que nous allons analyser, que ce soit nous qui ayons initié la querelle ou que ce soit une autre personne.

Le fantasme de supériorité : la passion d'avoir raison

La personne s'imagine supérieure aux autres en tous points. Au moins, elle pense que pour gagner dans le désaccord il est préférable de se montrer plus fort pour mieux dominer. En conséquence, elle peut adopter deux attitudes différentes en cas de conflit :

– soit l'arrogance et l'attaque, associées à des sentiments de colère incontrôlée (persécuteur) ;

– soit le paternalisme étouffant, associé à des sentiments de pitié méprisante (sauveur).

Dans tous les cas, prouver que l'autre a tort, que lui a raison, lui semble la seule façon de résoudre le désaccord.

Le complexe d'infériorité ou la peur de s'affirmer

La personne s'imagine inférieure aux autres et manque de confiance en elle :

– soit elle pense qu'elle s'en sortira mieux, si elle est aimable, ne provoque pas l'adversaire, prend des airs de soumission excessive aux autres et aux événements, associés à des sentiments de tristesse et d'inquiétude : sauveur ou victime selon le cas;

– soit elle se met en position revendicatrice, s'imaginant qu'un inférieur et un faible ne peuvent s'en sortir qu'en étant rebelle et agressif. Elle dit qu'elle pense « sans mettre de gants », elle est maladroite, c'est vrai, mais, au moins, elle n'est pas hypocrite. Par derrière, il y a beaucoup de rancœur, car, si elle se sent mieux après avoir « vidé son sac », elle voit bien que rien n'est arrangé (persécuteur ou victime selon les cas).

Brimé dans un environnement hostile ou la fatalité de la malchance

Elle se sent incapable et malchanceuse, mais elle pense que son interlocuteur est lui aussi un incapable malhonnête, « tous planqués, tous pourris, tous nuls… » De toute façon, elle n'a jamais de chance, c'est une fatalité. Cette représentation n'est pas toujours aussi excessive, mais elle peut l'être à certains moments d'un désaccord où il semble qu'il n'y a plus d'issue et que l'on ne voit pas ce qu'il faudrait faire. Ce type de représentations peut se traduire par deux attitudes différentes en cas de conflits :

– soit la démission désabusée, associée à des sentiments de peur,

– soit la destruction rageuse, associée à des sentiments de désespoir.

Ces deux attitudes font de belles victimes qui se vengeront en persécuteurs !

3.3 Les réactions habituelles aux stress du conflit

S'il est un moment stressant pour tout le monde, c'est bien celui des querelles et désaccords[3]. Voici quelques exemples des réactions les plus fréquentes, aussi bien valables pour celui qui déclenche le conflit que pour celui qui le subit.

La fatalité des réactions instinctives peu réfléchies

Chacun a ses habitudes et peu à peu, au cours des années, a trouvé des façons de faire qui lui ont rendu service pour régler ses ennuis avec les autres; ainsi se forge dans sa tête une croyance instinctive solide : quand il y a un désaccord ou une querelle, le mieux est d'agir de cette façon. Ce sont nos réactions instinctives peu réfléchies, que nous justifions par un principe général du genre : « Dans la vie, pour s'en tirer quand tu te disputes avec quelqu'un, le mieux est de… » et là, s'inscrit le principe fondé sur les expériences antérieures. Nous allons voir cinq exemples typiques de ce genre de réactions instinctives. Leur avantage est qu'elles rendent des services, ont permis dans le passé de s'en sortir et quelquefois dans le présent. Leur inconvénient est qu'elles ne marchent pas à tous les coups et deviennent même dangereuses, car elles empêchent de réfléchir à une autre action plus adaptée et finissent par nous rendre maladroits.

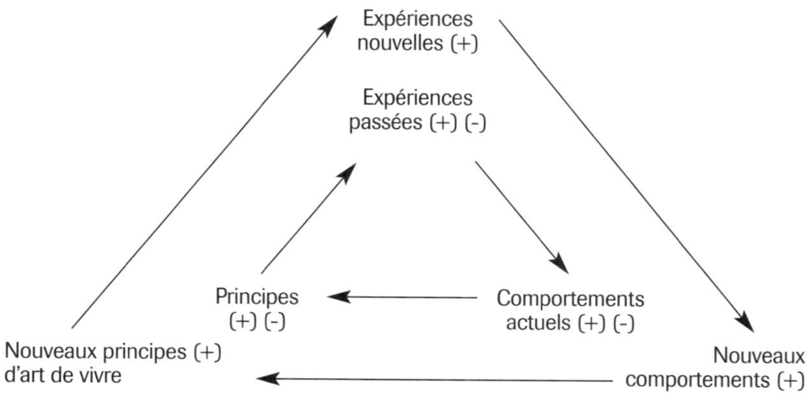

Le triangle de l'énergie positive

Décrivons cinq exemples de réactions à éviter.

3. D. Chalvin, *Mieux vivre avec son stress*, ESF éditeur, 2005.

▸ ***Vouloir trouver vite une issue, trop vite***

Sans stress, cette personne devient agitée et nerveuse. Elle essaie de se maîtriser, mais son pied qui bouge et ses doigts qui tapotent sur la table trahissent sa nervosité. Elle ne tient plus en place, l'affaire doit être réglée, tout de suite : trop vite, trop impatiente, voilà son piège.

▸ ***Se maîtriser, être contrôlé, trop contrôlé***

En cas d'attaque, pour se protéger du stress, cette personne se transforme en forteresse, se ferme pour être à l'abri. Pour elle ce n'est pas le moment de communiquer, bien au contraire, elle préfère être évasive et noyer son interlocuteur dans des considérations générales qui n'engagent à rien... À ce moment-là, on sent que la personne se raidit, se veut impassible et trop contrôlée. Parfois, à l'inverse, elle sera blagueuse, trop blagueuse mais on sent que c'est une façade et on a l'impression de joie un peu forcée et excessive. Tout prendre à la blague est aussi un moyen de ne pas montrer ce que l'on ressent.

▸ ***Espérer trouver des solutions sans faille et sans compromis***

Stressé par le conflit, cette personne a tendance à ne rien vouloir laisser au hasard. Elle veut tout analyser en détail. En soi, ce n'est pas une mauvaise idée de prendre le temps de réfléchir sérieusement pour se sortir d'un conflit. Mais elle se perd dans les détails et vise des solutions utopiques, gênée par les compromis trop réalistes. Elle a tendance à bien voir les défauts des autres et à ne pas reconnaître ses torts. Sa susceptibilité n'arrange rien.

▸ ***Être arrangeant et gentil, trop gentil***

Plus elle est stressée par les dimensions et les querelles, plus cette personne veut être gentille et arrangeante, avec un sourire bienveillant. Bien sûr, elle va donner la partie belle aux persécuteurs et ce n'est pas son attitude de sauveur qui arrangera les affaires. Elle a horreur des heurts et, inquiète, cherche à se mettre bien avec tout le monde. Elle va étouffer les problèmes, masquera les difficultés, ce qui ne fait qu'aggraver le conflit.

▸ ***S'accrocher à une solution, se donner du mal... pour rien***

Plus elle est stressée, plus elle s'accroche pour faire passer la solution et essayer de convaincre l'autre. Elle discute de plus en plus fort. Elle est fatigante. Elle accuse l'autre de ne pas chercher un arrangement, alors qu'elle, elle fait tout ce qu'elle peut. Elle est inquiète et maladroite. Pourtant, elle se pense courageuse et méritante, car elle se donne beaucoup de mal. Encore faudrait-il que ce soit à bon escient et efficace ! Beaucoup de mal, mais souvent… pour rien !

3.4 Les différentes formes de blocages

Qui ne s'est jamais senti découragé durant un conflit ? Personne ne voit d'issues possibles et chacun a envie de baisser les bras. Le désaccord semble impossible à traiter : la situation est bloquée. Mais les blocages ne sont pas toujours aussi simples et évidents. Ils peuvent prendre des formes inattendues ou incompréhensibles. Parfois même, personne ne peut penser qu'il s'agit d'un blocage, ce qui ne facilite pas son traitement. Il est donc essentiel de connaître les formes les plus classiques de blocage. C'est aussi utile pour comprendre comment s'y prendre avec son interlocuteur que pour être lucide sur ses propres comportements et se remettre en position la plus efficace possible pour en sortir. Voyons quelques exemples

Ne rien faire et remettre à plus tard

La personne se perd en longs discours qui n'en finissent pas. Certains emploient des mots techniques ou utilisent un jargon incompréhensible. Son discours est souvent confus. Les signes typiques : l'emploi du conditionnel et du verbe « essayer ». La personne commence ainsi sa phrase : « Bien sûr, je pourrais essayer de… » Elle a tendance à remettre toujours à plus tard ce qu'elle a pourtant annoncé. Si on lui fait remarquer, elle annonce longuement et, avec force détails, tous les ennuis et circonstances malheureuses. Elle a toujours une excuse et sait fort bien se justifier. C'est sa façon d'être bloquée face au conflit qu'elle a à résoudre. Mais c'est le blocage le moins grave. Le suivant est plus ennuyeux.

Agir en fonction des autres et de modèles

Plusieurs manifestations de cette attitude sont possibles et mènent chaque fois au blocage.

– La personne est très anxieuse sur ce que l'autre pense, ressent ou veut. Elle n'ose pas lui demander vraiment et elle cherche à deviner ce qui pourrait lui convenir comme solution, espérant que c'est la bonne.

– La personne ne sait pas ce qu'elle veut vraiment ou n'ose pas avoir un but personnel conforme à ses intérêts. Elle définit son attitude en fonction de l'autre, ce qui la met en état de soumission et de ressentiment, ou de rébellion, ce qui se traduit par la contradiction systématique, suivie de rancœur.

– La personne va demander de l'aide et des conseils qu'elle va suivre aveuglément sans réflexion, ni esprit critique. Elle applique des recettes qu'elle n'a pas trouvées elle-même et, bien sûr, elles sont inadaptées à la situation.

Et c'est, à nouveau, le blocage, mais il y a encore plus grave.

S'agiter et se surmener

La personne parle avec un débit fort et précipité, se met à bégayer, marche de long en large. Elle est agitée et nerveuse. Elle cherche des tas de solutions et n'en trouve pas. Elle se surmène, essaie de nombreuses actions, pour rien. Elle se sent prise dans un piège, sans issue. Tout son entourage en souffre. C'est la fuite par l'action qui supprime toute réflexion pour régler le conflit. Cette agitation se traduit souvent par de nombreux entretiens, avec les intéressés, des réunions pour faire le point, qui n'aboutissent à aucune action précise. Bien au contraire, cela aggrave le conflit. Tout le monde en parle dans les couloirs et autour de la machine à café. Les maladresses s'accumulent. La situation est grave. Mais il y a pire.

Agressivité contre soi et les autres

C'est certainement le stade le plus grave et le blocage le plus inquiétant. Il se manifeste par un repli excessif sur soi, la personne s'accusant ou se désespérant. Souvent, elle a des insomnies, se tourmentent chaque nuit sur les querelles et les disputes en cours. Elle perd l'appétit. Cette affaire la mine. Elle est de mauvaise humeur, perd son sang-froid, se met dans des colères excessives? Au cours des discussions, elle se met à attaquer son interlocuteur, qui est devenu un adversaire à abattre. Elle est de plus en plus soumise à ses angoisses et ses impulsions. Ces rêves illusoires de domination et de suppression de l'autre bloquent toutes solutions raisonnables.

2

CHAPITRE

Comment s'en sortir ?

Il ne suffit pas d'analyser et de découvrir les causes d'un désaccord pour arriver à s'en sortir. Parfois même, une analyse trop longue et trop détaillée empêche d'agir assez vite quand l'opportunité se présente de régler l'affaire ou paralyse l'action, car nous sommes perdus et ne savons plus que faire. Ce n'est pas notre propos, comme nous l'avons expliqué dans notre premier chapitre : c'est une démarche pour trouver des issues opportunes. Ensuite, nous allons reprendre point par point les analyses présentées au chapitre 1, pour montrer comment on peut s'en sortir en traitant les facteurs souterrains et en gérant les causes personnelles et peu visibles. Enfin, nous décrirons un exemple d'application de la méthode.

1. Une démarche pour trouver des issues opportunes

Avant de décrire toutes les possibilités d'actions qui peuvent être menées pour sortir d'un conflit, précisons quelques points clés de la démarche.

1.1 Une affaire de choix personnel et d'opportunité

Cette démarche permet à chacun de trouver par lui-même ce qui est applicable à son cas particulier. Elle aide toute personne qui vit des conflits dans la vie professionnelle, c'est-à-dire nous tous, à trouver des issues pratiques pour elle-même. Elle n'est pas faite pour permettre de « faire la leçon » aux autres, ce qui est en général une nouvelle source de conflit. Elle est destinée à chacun, pour résoudre son problème individuel, sans chercher à changer les autres mais en les acceptant tels qu'ils sont.

C'est en adoptant des comportements nouveaux et différents, en menant des actions adaptées que l'interlocuteur va, lui aussi, se comporter différemment avec nous, parce que nous avons nous-même, en premier lieu, changé de façon d'agir avec lui.

À l'opposé d'une méthode imposant ses solutions à l'individu, celle qui est proposée ici se veut ouverte aux possibilités de chacun. Tel le surfeur attendant la bonne vague, le lecteur lit ce texte et attend le bon exemple qui le concerne vraiment. À chacun de réécrire ce livre pour lui.

Attendre la bonne vague, savoir la prendre, réussir sa glisse, c'est affaire de choix personnel et d'opportunité à saisir.

1.2 Un préalable incontournable : savoir ce que je veux

Il est essentiel de bien se préciser à soi-même les issues que l'on souhaite atteindre : le minimum indispensable pour se dire que la situation est réellement améliorée ; mais aussi, l'issue la meilleure que je souhaite et qui me comblerait, même si elle est difficile à atteindre. Je dois tester mon envie réelle d'en sortir et de bien voir les avantages que je vais en tirer si j'atteins les objectifs que je me suis fixés. Chacun connaît ces personnes qui prétendent vouloir sortir d'une querelle, mais qui, manifestement, s'y complaisent et s'arrangeront toujours pour ne pas trouver d'issue. Pour réussir, il faut avoir envie d'en sortir. Ces objectifs, ces volontés me serviront de fil conducteur tout au long de ma recherche d'actions concrètes que je vais mener en reprenant tous les points du chapitre 1. Ainsi, mes projets d'actions seront cohérents avec l'objectif que je poursuis. Nous avons peu de temps et une énergie limitée pour trouver des issues aux conflits qui empoisonnent nos vies, il est donc prudent de ne pas disperser nos efforts.

Se poser la bonne question

Avant d'entrer en querelle ou de poursuivre une dispute, une bonne question à se poser : Est-ce que cela en vaut vraiment la peine ?

La méthode des options

Elle permet de trouver les actions pratiques à mener pour atteindre ce que je souhaite et ce que je veux. La démarche consiste à trouver le plus d'actions possibles à mener, sans décider tout de suite si je vais réellement les mettre en pratique. C'est pourquoi on nomme *options* ces projets d'action. L'essentiel est d'en trouver beaucoup pour avoir le choix. Très souvent, quand nous sommes pris dans des querelles ou dissensions, nous nous sentons bloqués, incapables de voir comment en sortir. La méthode des options permet de sortir de l'impasse et redonne confiance.

Comment trouver des options ?

C'est l'objet des chapitres qui suivent. La première démarche est de trouver les éléments qui semblent à l'origine des dissensions.

Selon l'importance du conflit, vous faites une analyse rapide ou plus approfondie. Peu à peu, vous aurez bien en tête toutes les origines habituelles des querelles et vous ferez plus rapidement et plus facilement cette analyse. Ensuite, vous trouverez dans ce deuxième chapitre des exemples d'options qui permettent de trouver une issue positive en traitant les facteurs souterrains et en gérant les causes personnelles peu visibles. Vous retrouvez pour chacune des origines trouvées au chapitre 1, des réponses dans le chapitre 2. Vous aboutissez ainsi à une liste d'options possibles. À vous de voir maintenant, lesquelles sont réellement possibles, comme nous l'expliquons ensuite. Peu à peu, vous connaîtrez tous les exemples d'options présentés dans ce chapitre et vous pourrez en sortir plus facilement.

Abandonner les conflits sans solution

Fascinés par les conflits qui n'ont pas de solution, il ne nous reste plus de temps pour traiter les conflits qui ont des issues possibles.

1.3 Savoir ce que je peux : déterminer les options applicables

Vous testez toutes les options pour savoir si elles répondent aux trois critères décrits ici : être légitime, réaliste et avantageux.

– Être considéré comme légitime, c'est-à-dire permettant de mettre en pratique les valeurs auxquelles la personne croit profondément : personne ne peut aller durablement contre sa morale et ses convictions, des mécanismes de culpabilité freinent l'action. Un objectif légitime est attractif. Mais ces objectifs doivent aussi apparaître comme légitimes pour le milieu dans lequel on vit et pour la personne avec qui on est en conflit.

– Être considéré comme possible et réaliste. Ce critère de faisabilité est directement lié aux capacités de la personne à mettre en pratique ces objectifs et au contexte social, psychologique et économique dans lequel vont être développés ces objectifs (80 % de chances de réussite).
– Être considéré comme avantageux, plaisant et agréable. ce critère touche l'affectivité de la personne. Les objectifs doivent apporter des avantages plus nombreux et plus intéressants que ceux trouvés dans le conflit. La personne est très motivée. Mais ce critère doit être aussi suffisamment avantageux pour votre interlocuteur.

Il n'est pas nécessaire que les options retenues répondent à 100 % à ces 3 critères, mais au moins à 80 %. Vous avez aussi la possibilité de traduire l'option choisie en actions plus modestes ou de définir plusieurs étapes plus faciles pour y arriver. Vous arrivez ainsi à avoir des projets d'actions pratiques répondant suffisamment aux trois critères de faisabilité. Vous trouvez un exemple d'application de la méthode à la fin de ce chapitre, ensuite 30 cas traités aux chapitres 3, 4 et 5 et enfin la partie mettre en pratiques, où vous pourrez vous exercer sur plusieurs cas.

Faisons maintenant le tour des options possibles, en reprenant toutes les analyses faites au chapitre 1 et en répondant point par point à toutes les causes décrites.

Poser les bonnes questions

Qu'est-ce qui dépend de moi ?

Où puis-je agir ?

2. Traiter les facteurs souterrains qui déclenchent les conflits

C'est le premier pas décisif pour savoir à quoi s'en tenir quand on vit un conflit et souvent, cette première démarche, même incomplète, permet de s'en sortir. En passant en revue les différents facteurs en jeu, il est possible de voir ce qu'il est réaliste de faire. Pour s'en sortir, il n'est pas nécessaire de suivre cet ordre, ni de trouver des idées pratiques pour chaque élément. Dès que vous trouvez quelques pistes pratiques, vous les tentez et vous voyez les résultats. Ce tour complet de tous les facteurs est uniquement fait pour vous donner des pistes de solutions, que vous allez vous-même adapter à votre cas particulier.

2.1 Trouver des parades aux attitudes initiatrices

Utiliser la typologie des attitudes

La première démarche est de repérer le type de conflit vécu en utilisant les listes indiquées et les récits détaillés des chapitres. Déjà vous savez par quelle attitude ces dissensions sont initiées (persécuteur, sauveur, victime) et quel type ressemble le plus à ce que vous vivez vous-même. Déjà, en lisant les récits avec leurs analyses et les options proposées pour en sortir, vous avez de nombreuses pistes pratiques pour trouver des solutions (voir l'exemple à la section 3 de ce chapitre). Le nom même du conflit avec un peu d'habitude, permet dans la vie de tous les jours de repérer vite ce qui se passe et, quand vous possédez déjà bien les solutions présentées à chaque cas, de commencer à mettre en jeu les parades adéquates.

Connaître quelques pistes valables pour de nombreux cas

Si vous êtes persécuteur

Réfléchissez à la source de votre frustration et trouvez quels sont vos besoins insatisfaits. Vous vous demandez comment diminuer globalement ce sentiment désagréable en prenant davantage soin de vous. Est-ce que vous n'êtes pas trop persécuteur de vous-même ? Trop exigeant. Donnez-vous des normes de vie plus réalistes, plus souples, moins angoissantes. Soyez plus tolérant et ouvert.

Si vous êtes face à un persécuteur

Si vous n'avez pas la possibilité de réagir efficacement, vous décidez de « ne pas marcher » et de ne pas vous laisser influencer. Vous rentrez en vous, comme dans une « bulle » et vous vous protégez ainsi grâce à cette sorte de « pellicule psychologique » entre l'interlocuteur et vous. Il n'a le pouvoir de vous blesser que si vous l'acceptez. Pensez à autre chose... ensuite, vous cherchez de l'aide et vous bâtissez une stratégie de contre-attaque efficace, selon vos moyens. Vous évitez d'accuser « le persécuteur » en retour. Il n'est pas prêt à l'accepter. Vous n'abdiquez pas pour autant. Au contraire, vous pratiquez l'affirmation tranquille et l'art de la défense efficace (voir des exemples au chapitre 3).

Si vous êtes le sauveur

Vous réfléchissez à vos besoins insatisfaits, en particulier vos besoins de reconnaissance et de gratitude. Pourquoi êtes-vous si dépendant des autres et avez-vous tout le temps besoin de les aider pour vous valoriser, vous mettre en avant et être remercié ? Vérifiez bien si votre aide est appropriée et efficace. Sinon, ne pensez pas trop vite que c'est la faute de l'autre. Développez l'écoute attentive des besoins réels des autres et l'interrogation avant de vous précipiter à aider.

Si vous êtes en face d'un sauveur

Ne vous laissez pas « victimiser », même si cela à l'air agréable d'être aidé et entouré, et n'oubliez pas que le sauveur va développer un jour de la rancœur… Ne vous laissez pas sauver, manifestez votre autonomie et prenez vos responsabilités. Ne soyez pas une victime consentante. Osez repousser le sauveur malgré sa bonté et son offre d'aide (elles sont inefficaces et dangereuses). Voyez comment lui accorder de la reconnaissance pour des actions efficaces qu'il mène, pour éviter qu'il ne développe de la rancœur à la suite de votre refus d'aide.

Si vous avez une attitude de victime

– Prenez conscience des inconvénients de cette attitude.

– Ne vous faites pas trop d'illusions sur les chances durables d'une aide secourable. En effet, l'illusion de la victime est de croire qu'elle attirera plus facilement la sympathie en se mettant en position de malheureuse.

– Découvrez que les gens aiment bien aussi les personnes heureuses.

– Méfiez-vous de ceux qui veulent vous aider, vous risquez de tomber sur un sauveur qui va vous enfoncer encore plus, en vous figeant dans votre attitude de victime.

– Sachez aussi qu'une victime a tendance à attirer inconsciemment des persécuteurs pour se rassurer en se maintenant dans son rôle de victime.

– Jouez les provocations est une façon de se présenter en victime.

– Découvrez qu'une victime a souvent peur de la réalité qu'elle fuit : entraînez-vous à regarder les choses en face et à trouver des solutions réalistes.

– Ne rendez pas trop vite les autres responsables de vos malheurs, distinguez bien ce qui dépend des autres, ce qui dépend de vous.

– Apprenez à vous prendre en charge et à devenir davantage autonome.

– Prenez goût à exécuter des réussites à votre mesure ; prenez goût au bonheur et au plaisir. C'est encore le meilleur moyen d'être entouré et apprécié.

Si vous êtes en face d'une victime

– Ne vous laissez pas prendre à sa manipulation : distinguez bien en quoi elle a objectivement des malheurs et comment elle en rajoute et en joue pour manipuler les autres, attirer leur aide et leur sympathie.
– Ayez le courage de ne pas la prendre trop au sérieux.
– Évitez de répondre en sauveur (c'est tentant), c'est l'occasion de bien vous informer sur les comportements classiques de sauveur (chapitre 1) pour les éviter.
– Souvent, la victime ne fait que rejouer des scènes apprises dans un passé douloureux, qui ne correspondent pas à la réalité actuelle.
– Centrez-la sur les difficultés présentes et les moyens pratiques qu'elle peut mettre en œuvre pour s'en sortir.
– Donnez-lui l'occasion de réussite à sa mesure, pour qu'elle reprenne goût au bonheur.
– Ne l'aidez pas trop, ne soyez pas paternaliste pour qu'elle arrive à se prendre en charge et à trouver elle-même des solutions par son autonomie.
– Ne prenez pas pour « argent comptant » certaines attitudes de persécuteurs qui cachent des victimes.

Quelques conseils

Pour sortir de l'attitude de persécuteur, retrouver l'efficacité de la loi utile et comprise.

Pour sortir de l'attitude de sauveur, retrouver l'art de l'aide efficace parce qu'adaptée aux besoins réels ne créant pas de dépendance excessive.

Pour sortir de l'attitude de victime, retrouver le bonheur de se prendre en charge, de réussir à sa mesure.

2.2 Tenir compte des rapports de forces

C'est un point essentiel pour trouver une solution réaliste, donc applicable. La tentation est grande et donc fréquente, de se cacher ses possibilités d'influence. Il est désagréable de constater clairement son faible pouvoir et on a bien envie, à ce moment-là, d'adopter l'attitude de victime pour se rassurer (ce n'est pas ma faute). Mais nous avons vu que c'était le plus sûr moyen de relancer le conflit. *A contrario,* il est agréable de se sentir en position de force, mais il est essentiel de vérifier si ce n'est pas une illusion qui va nous faire adopter une attitude de persécuteur ou de sauveur, croyant tout régler à court terme et, en fait, ne réglant rien du tout : le réveil est douloureux. Enfin, il est aussi dangereux de ne pas se rendre compte de son pouvoir réel et de se laisser dominer alors que l'on a les moyens de défendre son point de vue. Croire l'autre plus fort qu'il n'est, va nous amener à jouer la victime, attitude initiatrice d'autres conflits. Voici une check-list (déduite de l'analyse du chapitre 1) pour vous aider à trouver plus facilement dans quel rapport de forces vous vous trouvez et pour en tenir compte. Vous pointez les sources d'influence et celles de votre protagoniste, et vous en déduisez les comportements à adopter pour sortir du conflit, en tenant compte des rapports de forces :

– Budget, moyens à sa disposition, avantages acquis, bureaux, privilèges et ancienneté…

– Personnalité qui en impose, aptitudes à négocier, à persuader…

– Compétence technique plus forte, plus rare, plus utile, plus stratégique.

– Obtenir de meilleurs résultats connus et indiscutables.

– Savoir organiser son temps.

– Liens avec les personnes de son milieu de travail : mieux les connaître, en être le protecteur, sentir leurs besoins, leur être utile et indispensable, être reconnu comme leur représentant légitime, partager les mêmes valeurs.

– L'information : la posséder surtout si elle est rare, savoir s'en servir, la transmettre surtout pour diminuer l'incertitude ou l'imprévisible.

– La loi : la connaître, s'identifier, la représenter, la garder, la créer, l'énoncer, savoir l'interpréter, mais aussi, la contourner ou la bafouer sans ennui.

2.3 Agir en fonction des sous-entendus

Ne pas prendre pour « argent comptant »

Deviner tout de suite ce que veut dire une personne permet d'agir avant même que le conflit s'envenime. C'est plus facile avec des personnes que l'on connaît bien et avec qui on a l'habitude de travailler, ce qui est souvent le cas dans la vie professionnelle. De toute façon, si vous vivez dans une entreprise où la liberté d'expression est faible, il est judicieux d'acquérir le réflexe de chercher ce que veut dire la personne derrière de belles paroles, sans tomber évidemment dans la méfiance excessive en voyant des sous-entendus partout. C'est un réflexe à avoir. Il convient d'agir en fonction des sous-entendus décelés.

Ignorer les sous-entendus

Ignorer ce que la personne vient de dire, être distrait, parler d'autres choses, en un mot laisser tomber la provocation est souvent un bon moyen de désamorcer une querelle débutante. Répondre trop vite peut alimenter la discorde. D'autant que les sous-entendus sont souvent les premières manipulations d'une attitude de persécuteur, sauveur ou victime. Répondre à ceux-ci enclenche vite le cercle infernal.

Dévoiler les sous-entendus

C'est une autre option possible, même si la personne va s'en défendre. « Mettre les pieds dans le plat », naïvement, a parfois des effets bénéfiques, en mettant l'interlocuteur devant la réalité. Ensuite il convient d'en parler, de demander des précisions concrètes et de commencer à voir ensemble les issues possibles. Si l'interlocuteur refuse le dialogue et se défend de vouloir vous dire tel propos, un dégagement classique est de confirmer qu'il y a eu un malentendu et que vous ne tenez pas compte de ce qui vient d'être dit. « Je m'excuse, je n'avais pas bien compris, simple malentendu sans importance ». Vous répondez au sous-entendu, par un autre sous-entendu que votre interlocuteur traduit facilement : « Attention, si vous voulez me manipuler et m'embarquer dans une querelle, j'ai vu le piège et je ne m'y laisse pas prendre… ou bien, je suis prêt à contrecarrer et me défendre ».

Conseil

Pour sortir d'un conflit… Plutôt que vouloir changer l'autre, changer sa propre conduite vis-à-vis de lui…

L'approche paradoxale : dramatiser et caricaturer

Non seulement, vous dévoilez le sous-entendu, mais vous allez jusqu'au bout des allégations de votre interlocuteur, en dramatisant et même si le contexte s'y prête, en caricaturant[1].

1. Watzlawick P., *Changements*, Paris, Le Seuil, 1991.

Cette attitude provoque assez souvent une dénégation immédiate, car elle permet à la personne de prendre conscience des conséquences possibles très négatives du conflit qu'elle n'a sans doute pas voulu, en tout cas, pas si dramatique. Avec de la chance, cette attitude aide à calmer le jeu et à en rester à une approche raisonnable du désaccord, puisqu'il ne s'agit pas d'un léger malentendu que des explications tranquilles permettront de lever.

Bien sûr, le conflit peut être plus grave et plus profond et ce premier désamorçage ne pas suffire. Mais il était de toute façon utile pour tenter sa chance.

2.4 Ne pas profiter des fragilités et savoir se défendre

Les dangers d'en profiter

Le point essentiel est de savoir que les susceptibilités existent et de les repérer chez son interlocuteur pour ne pas le manipuler. Mais la tentation peut être grande, car chacun sait combien ces fragilités ont des résonances excessives chez un individu et si on est en situation conflictuelle très émotionnelle, l'envie d'attaques au point sensible et de faire mal vient instinctivement. L'attitude de persécuteur se développe. Le meilleur moyen de s'encourager à ne pas profiter de ces points faibles est de bien savoir combien les conséquences peuvent être dangereuses à moyen terme. Certes, la victoire peut être facile sur le moment, mais les rancunes vont être grandes : la personne blessée va peut-être se soumettre, comme elle le fait depuis longtemps, habituée aux brimades et aux mauvaises plaisanteries. Mais ce sera l'eau qui dort et l'agressivité se réveillera encore plus forte un jour ou l'autre. Le danger le plus grave est la maladresse inconsciente. De nombreuses femmes le savent bien, subissant les mauvaises plaisanteries des « machos » qui ne se rendent même pas compte qu'ils ne sont pas forcément très drôles. Cette double prise de conscience est la clé pour éviter le conflit : connaître toutes les susceptibilités possibles et se rendre compte de ses maladresses involontaires.

Savoir se défendre

Refuser de se laisser mettre en catégorie est la première attitude. Un bon moyen est de demander des précisions concrètes et circonstanciées sur la critique, pour focaliser sur des actions pratiques souhaitables : « Je suis très gros, je le sais, pouvez-vous dire quelle est la difficulté concrète que mon excès de poids provoque dans le travail que j'ai à faire… »

Mais ce n'est pas toujours possible. D'autres attitudes peuvent permettre d'éviter le conflit : le prendre sur le mode de l'humour, ou bien faire l'édredon avec des remarques générales « c'est possible, mais il y en a bien d'autres… chacun a des opinions et je les respecte, j'ai les miennes, merci de les respecter… » Il reste toujours, en dernier ressort, la possibilité de se protéger en ne se laissant pas atteindre, en se dédoublant : « Cause toujours, tu ne peux pas me blesser, car je sais ce que je suis… », on se met un cordon sanitaire psychologique. En tout état de cause, il est utile de bien se convaincre que répondre à l'attaque par une autre attaque sur une faiblesse de l'autre, ce qui est le réflexe instinctif, sera un remède pire que le mal et ne peut que déclencher des conflits répétitifs qui, comme toutes les guerres, laissent des traces profondes ; y penser aide à ne pas tomber dans le piège.

En conclusion, on voit que, dès le début du conflit, il est possible de stopper le phénomène. En connaissant bien ses points sensibles, il est possible de ne pas se laisser appâter. En connaissant les points faibles des autres, on peut ne pas les provoquer sur ces points-là, sinon le conflit va se déclencher automatiquement.

Se poser la bonne question

Quel est mon plus grand plaisir :

- me quereller en jouant des fragilités de l'autre ;
- ou établir et maintenir une relation positive avec lui ?

3. Gérer les causes personnelles peu visibles

Comprendre la façon dont chacun vit les désaccords et les querelles permet de trouver des actions utiles à mener pour s'en sortir. Voyons quelques exemples.

3.1 Répondre aux messages des sentiments et des émotions

Repérer les messages envoyés par le sentiment que l'on ressent, ou que votre interlocuteur manifeste, donne des idées d'actions. Prenons les 4 cas analysés au paragraphe 2 : colère, peur, joie, et tristesse.

La colère

– Si elle est proportionnée aux difficultés dénoncées, il s'agit bien d'une demande de changement de l'état de fait. Attention, la personne

n'osera peut-être pas dire exactement ce qu'elle veut. Donc il convient déjà de bien cerner les changements souhaités, voir leurs possibilités de réalisation et les compensations s'il n'est pas réaliste de réaliser certains aspects du changement désiré.
– Si la colère est excessive, il faut chercher ailleurs. Ce n'est pas la situation qui est cause de la colère ; elle a été l'occasion. Il faut se renseigner et chercher quel est le changement souhaité, qui n'a pas pu s'exprimer.
– Si la colère semble déconnectée du présent, on ne comprend pas ce qui se passe. Il est inutile de l'attribuer à un trait de caractère. Il convient plutôt de voir s'il ne s'agit pas d'une peur inavouable et chercher quelle est la cause de cette frayeur. Il sera possible ensuite d'apporter une réponse, en permettant à la personne (ou à soi-même) de vivre davantage en sécurité, en lui apportant certaines garanties ou des informations rassurantes, après avoir bien cerné ce qui lui fait peur.

La peur

– Si elle est proportionnée, s'il y a réellement des raisons objectives d'avoir peur, il s'agit bien d'une demande de sécurité. Tout ce qui sera fait pour rassurer par des interventions qui diminuent concrètement le danger, mettra les protagonistes en meilleure position pour traiter leur désaccord.
– Si la peur est excessive, il faut trouver les origines plus anciennes de cette peur et surtout, ne pas se focaliser sur ce qui est dangereux actuellement, car diminuer ce danger ne diminuera pas la peur. S'il est difficile de trouver les causes de cette peur, il est toujours utile d'apporter globalement le plus de sécurité possible à la personne concernée. Elle sera ainsi plus ouverte à un règlement raisonnable de l'affaire.
– Si on ne voit vraiment pas ce qui peut faire peur à cette personne, il faut chercher un autre sentiment caché qu'elle n'ose pas exprimer, surtout si cette peur semble être son sentiment favori : elle a l'air d'avoir peur, souvent à tort et à travers. La colère cachée est fréquente dans ce cas-là, car c'est une attitude interdite qui a pu provoquer des dégâts. Quand la personne s'était mise en colère, elle a eu de nombreux ennuis, alors elle a peur de se remettre dans cet état… La réponse utile est de voir ce que la personne veut changer et, s'il y a des possibilités réelles, la peur va diminuer. Donc il faut répondre au sentiment caché et non au sentiment apparent.

La tristesse

– S'il apparaît bien normal que la situation rende la personne triste et déprimée, le message est clair. Pour mieux traiter notre conflit, j'ai besoin de réconfort et de gentillesse. C'est ainsi que je serai plus en forme pour trouver une issue heureuse. Elle a subi une perte, un abandon, et elle a besoin de réconfort pour compenser cette perte. Tout ce qui permettra de diminuer concrètement cette perte diminuera la tristesse. Le sentiment d'abandon sera diminué si la personne se sent davantage reconnue et appréciée. Les désaccords seront alors traités dans de meilleures conditions.

– Si la tristesse est excessive, chercher à améliorer la situation actuelle ne donnera pas forcément de bons résultats. Il faudra agir autrement. Si vous trouvez facilement d'autres situations un peu plus anciennes où cette personne a eu le sentiment d'être abandonnée, d'avoir perdu quelque chose ou quelqu'un qui comptait dans sa vie et que vous soyez en mesure de réparer cette perte, c'est là que se trouve l'amélioration de la situation. Sinon, apportez-lui des réconforts et manifestez-lui de l'attention à bien d'autres occasions qui n'ont rien à voir avec le conflit présent, mais ce sera bénéfique pour sortir des tensions actuelles.

– Si, derrière la tristesse, se cachent d'autres sentiments, le plus efficace est de répondre aux messages du sentiment caché et de ne pas trop se préoccuper du sentiment affiché. Très souvent, la tristesse cache une colère que la personne n'ose pas exprimer. Voir comment il est possible de changer quelque chose à sa situation aidera à la résolution du conflit.

La joie

– Une personne heureuse est satisfaite de son sort, donc la réponse à son message est de tout faire pour que rien ne change pour elle. Elle n'aime pas le changement. Une issue existe, analysez bien ce qui la rend heureuse, ce sont des gens ou des points très spécifiques (un type de travail, une organisation, une place...). Faites attention à trouver des compensations si vous y touchez. En revanche, pour tous les autres points, elle acceptera facilement le changement, car elle est heureuse et peu anxieuse.

– Si cette joie est constante, quelles que soient les circonstances, ne la prenez pas pour une satisfaction et un acquiescement. Pour régler le désaccord dans les meilleures conditions, et éviter les attitudes de sauveur, cherchez les autres sentiments cachés (tristesse, colère, peur...), en détectant les signes non verbaux associés à ces sentiments et répondez au message correspondant. Refusez les arrangements de « sauveur » qui vous tenteront, mais, en fait, n'arrangeront rien.

Conseil

Encourager les désaccords et les résistances, c'est aussi encourager les innovations.

3.2 Se faire une idée objective de sa situation

Une période de querelle et de désaccord est un moment difficile, où l'on perd facilement sa tranquillité raisonnable habituelle. Que faire en ce cas?

Être lucide sur son irréalisme

Quand on voit les autres, on constate souvent qu'ils ne savent plus ce qu'ils font et que, vraiment, ils ne se rendent plus compte de la réalité. Il est utile de se dire que nous aussi, dans ces moments-là, nous risquons de perdre le sens des réalités. Le savoir et utiliser les repères d'analyse, donnés au chapitre 2 pour tester son réalisme et celui de son interlocuteur, est une démarche qui aide à voir la situation avec davantage d'objectivité. Remplacer ces perceptions toutes faites par une représentation objective des réalités de pouvoir, d'intelligence, de force, de chacun des partenaires pour la résolution du problème est une démarche efficace pour traiter le conflit et trouver des solutions ensemble.

Sortir du fantasme de supériorité : la passion d'avoir raison

Le réflexe naturel est de voir les torts de son interlocuteur et de minimiser les siens (la paille et la poutre). Il est prudent de vérifier si l'on n'exagère pas. Il est bien normal de penser que l'on a raison et que l'on mette toute son énergie à prouver à l'autre qu'il a tort et que nous avons raison. Nous avons sûrement raison sur certains points, mais il est rare que l'on ait raison en tout. De toute façon, il ne suffit pas d'avoir raison pour régler un conflit, car la dispute, comme chacun le sait, n'est pas seulement d'ordre rationnel : sentiments, intérêts, orgueil, etc., en bref, tout l'irrationnel a une place. Il est donc plus réaliste de voir quel accord concret l'autre est prêt à accepter. Le préalable est de prendre le temps de noter ses propres points forts et ses points faibles, là où sans doute on a raison, mais aussi là où l'on a peut-être tort. Bien sûr, l'autre aussi a sûrement des points où il a peut-être raison. Pour chacun de ces points, voir quel est celui qui est en meilleure position que l'autre, car cela ne sert à rien de se les cacher !

Il est possible alors d'avoir une vision plus réaliste de la situation. Là où on se sent plus fort, veillez à ne pas écraser ni mépriser l'autre : par exemple, si on est plus fort techniquement, ne pas le noyer sous un flot d'arguments incompréhensibles qui ont peu de chance de le convaincre.

Se poser la bonne question

Qu'est-ce que je veux :

- avoir raison à tout prix;
- ou développer une relation positive?

Acceptez aussi les points forts de l'autre : par exemple, il connaîtra bien le terrain et le contexte précis d'application du projet sur lequel, justement, il y a certains désaccords. Vous apportez votre technique, il apporte des informations indispensables pour l'application. Chercher la plage commune réaliste où chacun trouvera son compte, au moins pour une large part. De même, après l'analyse des points faibles et des torts de l'autre, l'attitude réaliste est de ne pas en abuser, ni de vouloir cacher à tout prix ses propres torts. Il est plus utile de voir comment les points forts de chacun peuvent compenser les points faibles de l'un et de l'autre. Ainsi pourra s'élaborer une plage réaliste d'accord possible, tenant compte des intérêts de chacun.

Sortir de son infériorité : la peur de s'affirmer

Au début, la démarche est la même : faire un bilan des points forts et des points faibles, mais en insistant sur ses propres points forts et sur les points faibles de l'interlocuteur, pour voir la situation de façon plus réaliste? Ensuite, il convient de pratiquer l'affirmation tranquille de soi, en osant exprimer son point de vue en toute intégrité, sans céder, ni se rebeller. Quelques points clés : être concret, précis, apporter des preuves indiscutables et reconnues de tous. Procéder par petites étapes, ne pas réclamer tout, tout de suite. Répondre aux attaques sans attaquer soi-même, mais en demandant aussi des exemples concrets, précis, limités avec des preuves. Oser affirmer ses propres intérêts comme éléments légitimes du problème. Si vous êtes vraiment timide et quelque peu complexé, sachez qu'il existe des formations qui aident à s'entraîner contre cette attitude[2]. Et, vous aussi, vous arriverez à trouver une plage d'actions communes.

Se poser la bonne question

Qu'est-ce que je veux :

- maintenir une bonne relation à tout prix ;
- ou défendre mes légitimes intérêts ?

Sortir de la fatalité de la malchance

Vous avez raison de penser que le hasard est souvent injuste et que vous avez parfois (peut-être souvent) de la malchance. Vous vous sentez brimé dans un environnement hostile. Pour en sortir, vous aussi, regardez systématiquement vos points forts, vos points faibles et ceux de votre interlocuteur. Bien sûr, insistez davantage sur vos points positifs et les points positifs de l'autre. Découvrez ainsi vos possibilités d'action. Car, comme vous le savez, il est rare qu'il n'y ait vraiment rien à faire, sinon se replier et déprimer. Au minimum, se protéger des attaques, éviter d'envenimer le désaccord, chercher des aides et des alliances. Ensuite, vous partez de vos points positifs communs pour définir des plages d'actions concrètes communes.

Le but : trouver des plages réalistes d'actions communes

S'il est bien rare de trouver un accord parfait sur tous les points de disputes, il est également bien rare de ne pas trouver quelques actions pour mieux s'en sortir. Ni supériorité, ni infériorité ou démission irréaliste, mais la recherche concrète d'actions réalistes possibles peut permettre de sortir au mieux de la querelle, en partant sur une analyse lucide de la situation réelle débarrassée des fantasmes habituels.

2. Cf. D. Chalvin, *L'affirmation de soi*, Paris, ESF éditeur, 12e édition, 2004.

Un rappel sur l'art de négocier

Négocier, c'est l'art de réunir les moyens d'agir en partant des informations possédées par chacun, pour trouver des solutions complémentaires, en vue de créer une situation nouvelle, au service d'un projet et d'un but, pour éviter la violence ou la passivité attentiste (d'après D. Chalvin, *L'entreprise négociatrice*, Dunod).

3.3 Développer des réactions efficaces au stress

Ce stress fatal qui accompagne querelles et désaccords peut être plus ou moins bien géré, que ce soit le sien ou celui de son interlocuteur. Ce que nous vous conseillons pour votre interlocuteur convient également à vous-même. Comment s'y prendre ? Voyons des exemples de réponses possibles aux cinq types de réactions habituelles (cf. chapitre 2).

Premier type : vouloir trouver vite une issue, trop vite

Face à un interlocuteur trop impatient de régler le désaccord, l'erreur est de le lui faire remarquer avec un air de tranquillité supérieure « Il est urgent d'attendre ». Il sera encore plus énervé et agité. En revanche, il faut l'aider à être moins stressé. Voici quelques comportements qui risquent de mieux convenir : être clair, simple, disponible et surtout bref, se centrer sur l'essentiel, bien résumer son propos en quelques mots; indiquer rapidement les premières étapes concrètes vers la solution souhaitée (il préfère le court terme !). Bien sûr, cela suppose d'avoir bien préparé son contact. L'erreur est de se laisser piéger par son impatience et de répondre avec autant d'impulsivité que lui. Attention à vous, si vous avez les mêmes réactions au stress que lui !

Deuxième type : se maîtriser, être contrôlé, trop contrôlé

C'est l'inverse du « trop rapide ». Donc, avec lui, vous pouvez prendre votre temps et lui parler. Mais attention, il a tellement peur et veut tellement le cacher (jusqu'à être menteur) qu'il convient de vous méfier de ses belles promesses (c'est un beau parleur, manipulateur) : donc parlez des actions concrètes à mener, en montrant la facilité d'exécution et l'utilité pour l'efficacité du travail (pour le rassurer), mais n'oubliez pas de demander des engagements écrits (un compte rendu de l'entretien). Prévoyez une solution qui intègre des systèmes d'organisation qui l'engagent (il va chercher à contourner...). S'il a le côté blagueur, ne l'encouragez pas et ne rentrez pas dans ce jeu (c'est un masque de sa peur).

Troisième type : espérer trouver des solutions sans faille et sans compromis

La personne est en état de susceptibilité, très angoissée. Ce n'est pas le moment de la critiquer, de lui donner des conseils et surtout pas de lui demander de préciser les détails. Elle a besoin de réfléchir, de peser le pour et le contre, allez en ce sens mais en l'aidant à simplifier, à centrer sur l'essentiel. Orientez-la vers les possibilités réelles et les résultats concrets. Montrez que les compromis prévus sont légitimes et honnêtes. Soyez réservé et sérieux. Vous avez des chances de voir son stress diminuer.

Quatrième type : être arrangeant et gentil, trop gentil

N'oubliez pas que c'est sa façon de réagir au stress du conflit. Derrière les apparences cette personne est très inquiète. Ne profitez pas de sa gentillesse, car ce n'est pas vraiment de la gentillesse voulue, plutôt de la peur de s'affirmer. N'abusez pas de son apparente attitude arrangeante et compréhensive. Elle vous en voudra (elle peut être rancunière). Au contraire, aidez-la à oser dire ce qu'elle veut réellement, ce qu'elle n'a pas du tout envie d'accepter. Autrement, à tous les coups, vous allez avoir un pseudo-accord qui ne marchera pas. Prenez le désaccord plus au sérieux qu'il n'y paraît. Méfiez-vous des apparences.

Cinquième type : s'accrocher à une solution, se donner du mal... pour rien

Le stress met cette personne en ébullition et elle va partir en tous sens, parler fort, dramatiser, se mettre en colère, vous faire la morale, hurler à l'injustice, etc. Elle va se fatiguer, se surmener, s'acharner à agir de façon inefficace. L'essentiel : se donner du mal. Elle va se plaindre, gémir et afficher tout le mal qu'elle se donne. Ne vous affolez pas, prenez-le pour ce que c'est : sa façon à elle de vivre le stress du conflit. Laissez-la vider son sac, elle s'arrêtera bien un moment. Ne lui demandez pas de garder son sang-froid et de parler calmement. Cela lui fait du bien de parler fort ! Ne lui demandez pas d'avoir un discours logique, organisé, cohérent. Prenez ce qu'elle vous dit et mettez-y de l'ordre. Soyez informel, simple, direct, chaleureux, le moins solennel possible. Vous pouvez en discuter à n'importe quelle occasion (repas, pause-café, entre deux portes...), du moment que vous sentez qu'elle en a envie. Encouragez toutes les avancées vers une solution concrète, même modeste. Bonne chance car elle est un peu fatigante !

3.4 Réduire les blocages

Comme nous l'avons vu (cf. chapitre 2), il existe plusieurs formes de blocage qui sont de plus en plus graves. Pour chacun d'eux nous allons décrire les actions qui permettent de réduire ce blocage, en commençant par le plus grave pour finir par le blocage le plus léger. Nous les décrirons en nous mettant à la place d'une personne qui cherche à sortir d'un conflit et se trouve bloquée, ne sachant que faire pour trouver une solution, mais aussi, bien sûr, ces conseils peuvent être utilisés pour aider son interlocuteur à sortir de ses blocages. Comme on va le voir, réduire les blocages consiste à ne pas chercher tout de suite une solution au conflit mais arriver d'abord à diminuer la gravité des blocages.

Agressivité contre soi et les autres

Attention, c'est un blocage dont les conséquences peuvent être très graves pour la personne. Il est urgent qu'elle prenne soin d'elle dès les premiers signes (irritable, colérique pour un rien, insomnie et perte d'appétit ou excès). Il est urgent de s'occuper de soi, de trouver des compensations non dangereuses pour avoir une vie plus agréable. Si c'est impossible, il est indispensable de trouver un ou des confidents de confiance qui écoute, sans donner de conseils. La possibilité de vider son sac et d'être entendu avec bienveillance fait du bien. Il est préférable de se jeter dans l'action (et même l'agitation peu efficace) plutôt que rester replié et bloqué : sortir, voir des gens, parler, s'occuper, etc. Ainsi, on en arrive à la phase moins grave : l'agitation et le surmenage.

S'agiter et se surmener

La solution consiste à trouver des méthodes de travail, des modèles d'analyse de problème pour canaliser l'agitation, après avoir permis « le vide-sac » qu'il convient de ne pas trop prolonger, une fois l'affectivité libérée. En se mettant à suivre le modèle et la méthode proposés, la personne diminuera la gravité de son blocage et « désescalade » en passant au degré suivant.

Agir en fonction des autres : le modèle rassurant

Suivre une méthode, des conseils, un modèle rassure et diminue le stress, et par là le blocage… Anxieuse et hésitante, la personne se sent mieux si on lui indique une méthode précise avec des étapes à suivre. Ainsi, elle commence d'agir avec méthode et réduit son blocage. Elle progresse vers la solution de son conflit et en arrive au dernier et plus facile blocage…

▸ ***Ne rien faire et remettre à plus tard***

La solution est d'aider la personne à trouver des actions à faire qui ont de réelles chances de l'aider à sortir des querelles où elle est empêtrée. Pour la mettre en position active et la sortir de sa passivité, il convient de lui donner plusieurs options possibles ou mieux, de l'aider à trouver elle-même plusieurs options possibles et lui demander d'en choisir une qui lui convienne.

Cette option aura des caractéristiques spécifiques que nous avons décrites au début de ce chapitre (au paragraphe : Définir les objectifs que l'on veut atteindre). Nous rappelons les 3 caractéristiques qui permettent à ces actions d'avoir toutes les chances d'être mises en pratique. D'abord, elles apparaissent légitimes pour soi-même et pour le milieu dans lequel elles vont être mises en pratique (en particulier pour la personne avec qui on est en conflit). Ensuite, elles doivent être modérées, ne demandant pas un effort surhumain pour être mises en pratique : la personne n'accepte de se lancer que dans des actions qui ont 80 % de chances de réussite? Enfin, elle est heureuse de développer de telles actions qui, d'avance, lui apportent du bonheur (c'est à l'opposé du sacrifice qui fait peur et fait souffrir...), c'est un effort peut-être difficile, mais, comme la montée d'un col en montagne, il apporte une grande joie. La personne se sent fortement motivée.

4. Créer un climat favorable de sécurité et de liberté

Cette section concerne les responsables d'unité qui peuvent mener des actions pour créer un bon équilibre de sécurité et de liberté, gage d'un bon climat pour gérer efficacement les querelles et désaccords. Pour cela il convient déjà de bien diagnostiquer le climat actuel, puis de mener des actions qui favorisent un développement judicieux de la sécurité et de la liberté dans son unité : développer le souci de l'objectivité, mettre en place des lois et des règles de vie en commun, un système d'entraide et de solidarité et un système de reconnaissance du travail réalisé.

4.1 Diagnostiquer le climat existant de sécurité et de liberté

Il est possible de cerner facilement le climat de sécurité et de liberté d'une unité en utilisant une grille des huit types de relations possibles, selon la dose judicieuse ou excessive de réglementation des relations (les normes de sécurité et de protection vis-à-vis des agressions) et selon les possibilités de liberté judicieuse ou excessive dans les relations (les permissions d'expression et de résolution des désaccords).

Type 1 : Équilibre entre sécurité et liberté

C'est le climat idéal pour le traitement des conflits. Le type de relation développée permet à la fois une bonne expression des désaccords avec spontanéité et liberté et, en même temps, le contrôle social de chacun pour éviter les excès.

Type 2 : Liberté heureuse et réaliste

La liberté d'expression est importante et efficace car le contrôle social n'est pas nécessaire pour assurer la sécurité. Ceux qui aiment l'ordre et la discipline sont un peu perdus.

Type 3 : Étouffant, liberté dans la ligne

L'expression des conflits est possible, mais dans le cadre très sévère des lois du groupe. Ce cadeau apparaît trop strict pour les non-habitués et les nouveaux : la liberté mais dans la ligne. Le groupe est fermé à l'extérieur.

Type 4 : Disciplinaire et autocratique

C'est un climat disciplinaire. Aucune expression des conflits n'est permise. Le souci de contrôle social devient excessif. La liberté fait peur et apparaît toujours comme du laxisme.

Type 5 : Liberté ou répression excessives

L'ambiance est irréelle : à certains moments et pour certains points de la vie du service, trop de règles excessives sont prévues pour éviter les conflits; à d'autres moments, trop de liberté d'expression. Ce climat est le plus dangereux et le plus inefficace pour la résolution des conflits.

Type 6 : Anarchie et laxisme

Liberté d'expression excessive, sans norme et sans interdit, c'est l'anarchie. La loi du plus fort devient la seule loi. Ce type de climat est moins rare que d'aucuns pourraient croire, au niveau des petites unités.

Type 7 : Instabilité et crise

Des règles de comportements existent, généralement raisonnables et judicieuses, mais la liberté d'expression est si forte que tout est remis en cause perpétuellement.

Type 8 : Ordre, discipline et sérieux

C'est le meilleur climat de sécurité possible : des codes de comportements, utiles, acceptés parce qu'acceptables, raisonnables et pratiques. Simplement, il ne faut pas avoir un goût marqué pour l'expression si l'on veut se sentir bien dans le service, mais ceux qui aiment l'ordre sont à l'aise.

Cette grille est utilisable pour analyser le climat d'une unité mais aussi pour comprendre une situation ponctuelle, à durée limitée (réunion, entretien, groupe de travail).

4.2 Le souci de l'objectivité et de l'exactitude des informations

Caractéristiques du climat : le réalisme

Il s'agit aussi bien des informations techniques, des connaissances de la concurrence et de la clientèle, des faits nécessaires à l'analyse des problèmes que des informations qui servent à la définition des objectifs et à l'évaluation des résultats. Le traitement et la prise de l'information se veulent être une approche la plus exacte possible de la réalité, sans préjugé et sans illusion, à un moment donné. Chacun sait que cette réalité est fluctuante et inattendue et personne ne s'étonne de voir que ce qui était vrai un jour, ne l'est plus le lendemain, car pour tout le monde, ce qui est vrai est ce qui existe, ce qui est réel, prouvé, indiscutable : les faits, les chiffres, les données objectives.

Les comportements les plus fréquents

– Le goût de l'expérimentation est de mise. Les doctrines a priori sont peu acceptées. N'est vrai que ce qui a été expérimenté et vérifié. Chacun a l'habitude de présenter des informations qu'il a pu vérifier. Les propositions sont expérimentées et le choix de la meilleure dépend des résultats. Ils aiment dire entre eux « Nous, ici, on a la religion des résultats concrets, dont la valeur est jugée selon l'expérience menée ».

– La capacité d'écoute et d'interrogation est le point commun des comportements habituels. Quand il y a eu un ennui, un échec, une erreur, une panne, un dysfonctionnement, le premier réflexe est de dire « Racontez-moi ce qui s'est passé. Je vous écoute ». Les questions seront plus fréquentes que les jugements et les descriptions des phénomènes plus fréquentes que les justifications pour se défendre.

> Voici quelques exemples : « Qui, quoi, où, quand, comment, pourquoi, lequel ? Qu'est-ce qui vous fait penser cela ? Pouvez-vous me raconter ce qui s'est passé ? Quelle est votre opinion ? Qu'allez-vous faire ? Qu'attendez-vous de moi ? Quels sont les moyens dont vous disposez... dont vous avez besoin ?... »

4.3 Des lois et des règles de vie en commun

Les conditions d'un climat provocateur de conflits

Les règles de fonctionnement sont trop difficiles à appliquer et représentent une contrainte lourde, une exigence trop forte. D'ailleurs, personne ne les a vraiment appliquées clairement.

Elles apparaissent arbitraires selon les personnes et les situations, à chacun de bien se débrouiller pour s'en sortir. Il existe, bien sûr, le règlement intérieur et le Code du travail, mais il n'existe pas vraiment de contrat moral dans les relations. Les règles de fonctionnement sont souvent trop rigides, ne souffrant aucune exception, parfois même, les évaluations sont humiliantes et semblent relever de la vengeance personnelle. On ne comprend pas toujours quelle est leur utilité pour bien travailler ensemble, pour la qualité et le service client? Certains sont anxieux et se sentent brimés, jamais sûrs de la qualité de leur travail. D'autres sont dégoûtés et ne se gênent plus pour critiquer. Dès que l'occasion se présente, ils contournent des règles qu'ils estiment inutiles et injustes, ce qui donne lieu à de nombreuses querelles.

▸ *Les conditions d'un climat favorable de sécurité et de liberté*

Il existe des règles de vie en commun qui ont force de loi : elles indiquent les objectifs à réussir, les critères d'évaluation de cette réussite, et les comportements prescrits pour assurer l'efficacité du travail. Mais ces normes sont claires et peu nombreuses. Elles ne demandent pas des efforts inconsidérés pour les mettre en pratique, d'ailleurs, elles ont été expliquées et discutées. Tout le monde reconnaît qu'elles sont bien utiles et facilitent la vie en commun. On peut, à des moments prévus pour cela, les remettre en cause et proposer des améliorations. Mais les nouveaux arrivants sont bien prévenus par leurs collègues qu'ici, il y a des règles de fonctionnement et qu'il convient de les suivre. C'est la loi, et sauf exception grave, tout le monde la suit. Très vite, ces nouveaux s'aperçoivent qu'y obéir est plutôt pratique et réaliste car cela permet de bien travailler ensemble. Chacun se sent à l'aise avec ce système qui est clair et bien accepté. Il y a des désaccords, mais ils sont clairement mis sur la table et traités avec sérénité.

4.4 Des méthodes d'aides réciproques pour bien travailler

▸ *Les conditions d'un climat provocateur de conflits*

La compétition est excessive et chacun ne cherche qu'à tirer la couverture à lui. Il n'y a pas vraiment de solidarité entre les membres de l'unité. L'aide n'est jamais acceptée. Par exemple, on propose des formations prévues par le plan qui semblent sans rapport avec le travail à faire et les objectifs. À l'opposé, on aimerait bien avoir des perfectionnements pour mieux s'adapter aux nouvelles méthodes, mais rien n'est prévu. De toute façon, personne ne se préoccupe de nos besoins. Certes, il y a pas mal d'avantages sociaux, mais on aimerait mieux un système d'entraide qui permette de réaliser facilement le travail et le service au client, au lieu de laisser chacun se débrouiller tout seul. La coordination et les aides entre les postes de travail ne sont pas vraiment organisées? Chacun se sent plutôt brimé et solitaire, ayant le sentiment que personne ne se préoccupe de l'aider concrètement à réussir les objectifs. Beaucoup sont démotivés et passifs. Les insatisfactions grandissent et s'expriment tout à coup en conflits agressifs et impulsifs, pour un rien. À ce moment-là, on obtient que l'on s'occupe de nous, puis tout revient comme avant : on nous laisse livrés à nous-mêmes. Chacun s'entraide au hasard des bonnes volontés et cherche à se former en demandant de l'aide à qui veut bien lui en donner !

Les conditions d'un climat favorable de sécurité et de liberté

L'aide est organisée et systématique. Chacun sait ici que s'il a besoin d'être soutenu pour réussir sa tâche, il trouvera quelqu'un à qui exposer sa demande et une réponse pratique sera apportée : tout le monde sait ici que c'est normal et prévu. On s'entraide et chacun y trouve son compte. D'ailleurs, quelqu'un qui ne serait pas prêt à donner un coup de main en cas de difficultés, serait vite très mal vu. Mais, comme chacun à son tour a besoin des autres, ce n'est pas un problème et chacun sait qu'il y trouvera avantage. Les formations que chacun peut suivre, en fonction de ses besoins, aident concrètement à travailler plus facilement. Des groupes de travail, avec des méthodes précises, traduisent concrètement cette entraide. Mais celui qui veut profiter de cette solidarité pour ne pas faire sa part, est vite rejeté, ce comportement n'est pas de mise. On a des systèmes de prime qui favorisent cet esprit d'équipe. Chacun est évalué aussi sur les actions d'aide qu'il a pu réaliser pour permettre la réussite collective des objectifs. Les suggestions sont prises en considération : chacun peut s'exprimer assez librement et sait qu'il trouvera de l'aide s'il en a besoin. Ce climat de bonnes relations est très agréable et motive chacun à bien réaliser les tâches qui lui sont confiées.

4.5 Un système de reconnaissance du travail réalisé

C'est certainement un des points clés les plus importants pour créer un climat favorable à la bonne gestion des conflits. C'est bien sûr une bonne politique de salaire, de promotion et donc d'évaluation, liée à une bonne définition des objectifs. Mais nous insisterons plutôt ici sur la reconnaissance quotidienne du travail réalisé, celle qui se fait plus modestement par un petit mot envoyé, une phrase encourageante, un geste de félicitations, autant de « petits riens » mais qui peuvent avoir une grande importance pour le climat. Bien sûr, leur efficacité est d'autant plus grande que ces attitudes sont cohérentes avec le système général d'évaluation. Quelques conseils pratiques à rappeler : il ne s'agit pas de chercher à plaire et de dire des phrases gentilles qui n'ont pas de fondements réels; au contraire, l'interlocuteur doit se rendre compte qu'il s'agit d'une appréciation fondée, prouvée, comprise, lui montrant que l'on connaît et s'intéresse à son travail. Il est très efficace de s'intéresser ainsi, même à un résultat partiel et incomplet, mais méritant une reconnaissance réelle, même si c'est le travail que la personne doit normalement effectuer ! C'est toujours du travail indispensable pour la réussite de l'unité. Pouvoir le faire le plus vite possible, prendre la personne « en flagrant délit » de bon travail est très motivant pour elle, même si c'est fait maladroitement, l'essentiel est la sincérité et la bonne volonté. Le pire est de considérer tout le monde de la même façon : ceux qui travaillent avec zèle et énergie et ceux qui ne se fatiguent pas trop, cette attitude, apparemment bienveillante, est source de nombreuses querelles. Donner l'occasion à la personne de parler de ses réussites est souvent encore plus efficace. Quelle que soit la façon de s'y prendre, l'essentiel est de pratiquer la reconnaissance du travail réalisé.

Comment s'en sortir ?

1. Ne pas vouloir changer l'autre, mais agir autrement avec lui.
2. Savoir le résultat que je veux obtenir.
3. Faire preuve de réalisme sur ce résultat et sur les rapports d'influence en présence : ce que je peux.
4. Refuser d'entrer dans le conflit : ignorer et laisser tomber.
5. Dévoiler l'amorce de conflit et stopper.
6. Éviter de prendre argent comptant tout ce que l'on vous dit.
7. Tenir compte des sous-entendus.
8. Ne pas abuser des faiblesses et points sensibles de son interlocuteur.
9. Utiliser les parades aux trois attitudes initiatrices de conflit (P, S, V).
10. Répondre aux messages des sentiments et des émotions.
11. Traiter les stress qui accompagnent les conflits.
12. Réduire les blocages avec des méthodes appropriées.
13. Se faire une idée objective de la situation, par-delà les fantasmes.
14. Se méfier des accords trop rapides.
15. Prévoir des actions applicables, réalistes et acceptées par l'autre.
16. Créer un climat favorable : des informations objectives, des règles acceptées de vie en commun, des méthodes d'aides réciproques et un système de reconnaissance du travail réalisé par chacun.

5. Un exemple d'application

5.1 En informatique, une application client-serveur

Dans une société de biens de grande consommation, Louis, le responsable de département dirige deux unités, une unité de production et une unité de distribution.

Si son expérience personnelle lui a permis de maîtriser parfaitement l'évolution de la situation en distribution, la production lui pose un problème. René, le responsable de la production, a toujours su entourer son activité d'un épais mystère. Personne ne sait vraiment ce qui s'y passe. C'est un autodidacte qui craint d'être dépassé par les nouvelles techniques.

De l'avis général, René s'est constitué une petite « forteresse » dont aucun des « beaux Messieurs » des bureaux n'est arrivé à percer la muraille. Pendant un moment, Louis appréciait beaucoup cette attitude, bien en ligne avec l'esprit habituel. Mais deux faits récents tendent à le faire changer d'avis : il aimerait bien connaître avec exactitude l'organisation de l'activité production.

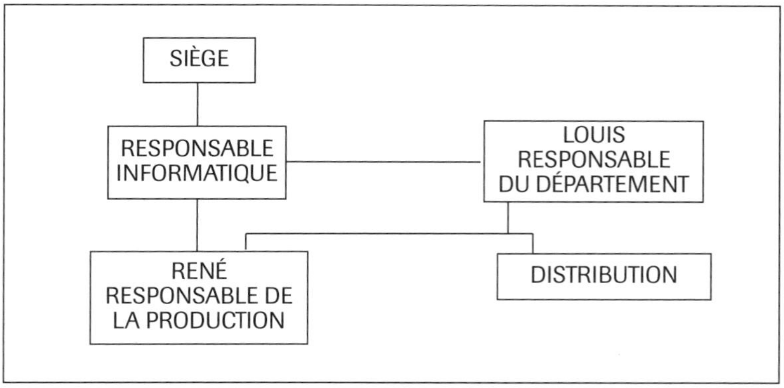

Ses collègues des autres services ont le sentiment très net que René, à l'abri de sa forteresse, manipule les uns et les autres pour que tous « traînent les pieds » et que les nouveautés échouent.

Une phrase fait l'unanimité : « Tu penses bien que lui, son seul objectif, c'est le volume en fin de mois. Le qualitatif, la satisfaction client, les priorités, il s'en fout... D'ailleurs, on n'a jamais pu obtenir aucun chiffre fiable, ni aucune analyse détaillée. Le Père René planque tout et bidouille ses chiffres afin de vivre confortable... »

Entré depuis peu dans la société, le responsable de l'informatique ne s'est jamais mêlé à cette lutte partisane. Mais désireux de marquer son passage dans la société par des applications brillantes, il a jeté son dévolu sur la production : « René, j'ai constaté que votre unité, quoique très bien tenue, employait un nombre important d'indirects (administratifs). D'autre part, savez-vous que la micro-informatique permet aujourd'hui de véritables miracles : gestion des stocks, inventaires permanents, édition des factures, contrôles, etc. Si vous le souhaitez, je pourrai vous donner quelques tuyaux... »

René se méfie. L'informatique, c'est compliqué et ça met les responsables de production dans l'embarras. Néanmoins, avec le temps, René se rend compte que les réalisations informatiques dans les bureaux sont très réussies et ça marche. De plus, un gain important de productivité serait bienvenu au siège dans l'optique d'un développement de carrière. Enfin, le responsable de l'informatique lui souffle qu'il serait le premier à réaliser une gestion informatisée de l'usine et qu'il pourrait ainsi faire visiter cet établissement modèle à ses collègues des autres filiales et au groupe professionnel « production » dont il fait partie.

Pendant trois mois, les deux hommes travaillent ensemble. Mais le responsable de département s'inquiète :

« Ne pensez-vous pas que, ce faisant, vous renforcerez encore l'autonomie de la production ?

– Oh non ! sourit l'informaticien. Au contraire...

– Expliquez-moi...

– René a cru se protéger en définissant des droits d'accès différents pour chaque utilisateur. De ce fait, chaque utilisateur n'a accès qu'à une partie seulement de l'application et en gardant le secret sur l'opération !
Eh bien aujourd'hui, je peux vous dire que les petits secrets, c'est fini ; j'ai tout dans ma machine centrale, rangé dans l'ordre souhaité, avec tous les détails, les pourcentages et l'historique. Pour nous bluffer, c'est terminé... Nous allons savoir exactement ce qui se passe là-bas, et programmer d'ici le travail à faire.

– Nous... ? À qui comptez-vous diffuser cette information ?

– À vous, monsieur. De votre bureau, ici, vous pouvez vous-même, maintenant, choisir les priorités de production, les rentrer dans la machine, et un plan de travail sort pour l'usine, par atelier, par chaîne et par employé. Il n'y a plus qu'à produire.

– Fantastique ! »

Le premier mois tout se passa bien. Mais dès que le système fut révélé et expliqué à tous, les choses se gâtèrent. Les « beaux Messieurs » des bureaux envoyèrent quelques mémos circonstanciés : les précisions puisées dans les états informatiques leur permettaient d'être très durs avec l'organisation du travail en général.

Presque en même temps, les premiers incidents se produisent avec le matériel. L'application « plantait » parfois, les temps de réponse étaient trop longs et les utilisateurs saisissaient des données incomplètes. Inquiets de ces imperfections, on fit venir la technique. Les techniciens indiquèrent d'où venaient les pannes : mauvaise utilisation par les employés qui effectuaient des entrées de données incomplètes, ou ne rentraient rien. « À croire qu'ils faisaient exprès... » disent écœurés les gens de l'informatique, « On se crève à faire de la belle technique, et voilà ce que ça donne. »

René revint à l'ancien système, en précisant que c'était uniquement pour des raisons techniques. « L'informatique, c'est bien quand ça marche... »

> Mais, dans sa tête, il pense : « Je te tiens, mon petit jeune technocrate. Je suis peut-être autodidacte, mais je connais la musique, moi… »
>
> De son côté, le responsable de l'informatique est dégoûté et se plaint d'être incompris de René, sans être soutenu par le responsable de département, Louis, qui lui reproche de n'avoir pas su s'y prendre habilement.
>
> Quant au responsable de département, Louis, pris entre le technocrate et le conservateur, il ne sait que faire pour moderniser la production alors que c'est une nécessité économique. « Comment en sortir? »

5.2 Traitement du cas : comment s'en sortir?

À titre de démonstration, nous allons prendre systématiquement chacun des points des chapitres 1 et 2, pour montrer comment on peut mettre en pratique la méthode proposée dans ce livre. Bien sûr, dans la vie courante, il peut suffire de faire une analyse plus brève et de n'utiliser que certains points seulement pour trouver déjà des actions efficaces à mener pour s'en sortir. Voici la démarche complète :

Découvrir les origines cachées et traiter les facteurs souterrains qui ont déclenché le conflit

Trouver des parades au type de conflit et aux attitudes initiatrices

◆ **Le type de conflit :** ce type de conflit peut s'intituler « les guerriers » ou l'art de se détruire en se croyant vainqueur, ou le souci exclusif du triomphe sur l'autre. Comme aucun des deux n'a le pouvoir d'écraser l'autre, le conflit s'éternise jusqu'à l'épuisement des deux combattants, au profit d'un troisième larron…

◆ **Les attitudes initiatrices :** toute situation qui touche ces points sensibles a des chances de provoquer *des attitudes* plus instinctives que raisonnées et raisonnables; à ce moment-là, chacun a davantage le souci d'attaquer ou de se défendre que de régler efficacement le problème. Chacun joue des rôles de persécuteur ou de victime à cause de ses sensibilités propres plutôt qu'en fonction des éléments objectifs de la situation.

Le responsable informatique pense placer tout son système de prise d'information sans que René s'en rende compte. René laisse ses techniciens se servir de façon inadéquate du matériel pour gêner l'avancement de l'opération : voici ce qui s'appelle jouer au persécuteur et à la victime, chacun à son tour… Ils avancent ainsi, têtes baissées, sans bien se rendre compte où cela va les mener.

Il est possible pour chacun d'apercevoir les premières attitudes défensives et instinctives (persécuteur-victime) pour en rester là et éviter de jouer les renversements de situation (l'attaqué devient l'attaquant, le persécuteur devient la victime) qui ne donnent qu'une satisfaction illusoire de vainqueur-vaincu, sans résoudre le problème : après le triomphe, la revanche est prête pour un prochain conflit. Dès ce moment des parades peuvent être trouvées.

C'est le moment de lire les exemples mentionnés au chapitre 3, dans la section « Les guerriers » où des parades possibles sont indiquées. Nous en avons donné quelques exemples au paragraphe *options*, à la fin de cette section.

Tenir compte des rapports de force et du poids des influences

La première question que devraient se poser les protagonistes de cette histoire est la suivante : Quel est mon pouvoir réel dans l'entreprise ? Il est clair dans ce cas qu'aucun ne peut imposer à l'autre son point de vue et qu'ils rêvent une capacité d'influence démesurée par rapport à leurs possibilités concrètes.

Agir en fonction des sous-entendus

Quels étaient les sous-entendus perceptibles derrière les conversations officiellement techniques et neutres ? N'était-ce pas déjà un secret de polichinelle que chacun voulait vaincre l'autre ? Ne valait-il pas mieux, dès ce moment-là, lever les sous-entendus et traiter le problème de relations humaines qui couvait derrière le problème technique ?

Ne pas profiter des fragilités sociales et personnelles

Les points faibles dans cette affaire semblent être la peur d'être dépassé pour René, le responsable de production ; le plaisir de l'informatique sophistiquée et de se faire bien voir par son nouveau patron pour le responsable de l'informatique, « entré depuis peu dans la société » ; le désir d'être informé et de tout contrôler pour Louis, chef du département, espoir et rêve de tout patron...

Le repérage des points sensibles permet de trouver des idées pratiques pour stopper le processus de conflit, et des alternatives de remplacement, avant que ne se déclenche la chaîne des attaques – défenses coûteuses, pénibles et inefficaces (cf. Des options).

Cerner et gérer les causes personnelles peu visibles

Répondre aux messages des sentiments et des émotions

Les sentiments de peur, très présents dans cette affaire, envoient des messages réclamant davantage de sécurité. Ils veulent être rassurés. Les sentiments de colère cachent des sentiments de peur qui n'osent pas s'exprimer. Comme il n'y a pas de réponse à cette peur, les sentiments de colère s'expriment par des attitudes guerrières de revanche qui ne sont qu'un appel à la sécurité.

Les sentiments de peur, colère, revanche n'aident pas à régler le problème. Mais le malaise final que ressentent les protagonistes du conflit (sentiments de colère, de tristesse, de revanche) peut être repéré. Chacun se rend compte que les tactiques choisies sont sans issue, on est parti pour une guerre d'usure. Repérés chez soi-même ou chez les autres, ces sortes de sentiments et de malaises révèlent qu'on est embarqué dans une « sale affaire », au risque de se répéter et de s'envenimer à chaque répétition. S'apercevoir rapidement de ces sentiments aide à la solution.

En tout cas, maintenant, quand une histoire du même genre commence, chacun peut deviner les sentiments qui vont être vécus, sans illusion sur l'issue quasi fatale de ces types de conflit, aux séquences habituelles et prévisibles. Chacun saura ainsi les repérer, et par là, mieux gérer, en vue de prévenir ou stopper un tel processus.

Se faire une idée objective de la situation en repérant les fantasmes et les représentations illusoires

Des représentations peu réalistes des situations de chacun dans le système de relation conditionnent les uns et les autres à se croire en position de supériorité ou d'infériorité alors qu'ils ne le sont pas. Ainsi, le responsable de l'informatique a une confiance excessive en sa force et son patron le renforce dans ce sentiment. Ils se conditionnent l'un l'autre à agir avec un optimisme excessif.

Cerner la réaction au stress du conflit et développer des réactions efficaces

Chacun des protagonistes est très stressé par le conflit et développe en conséquence des comportements inadaptés. René a la réaction « Maîtrise tout, contrôle tout, trop ! » Il installe une forteresse. La bonne façon de le prendre est de se méfier de ses belles paroles. Il faut donc parler « actions concrètes à mener » en lui montrant la facilité d'exécution et l'utilité pour l'efficacité. Ainsi, il obtiendra de bons résultats qui le rendront fort. Avec lui, il faut obtenir des engagements écrits.

Le responsable informatique a la réaction « trouver des solutions sans faille et sans compromis ». Tout ce qui peut l'aider à se centrer sur l'essentiel et à trouver des solutions plus réalistes, en tenant compte des peurs des uns et des autres, diminuera ses stress. Avec lui, il faut être sérieux, précis, opérationnel. Il faut réfléchir ensemble.

Des discussions et des conversations de ce type peuvent permettre à chacun de modifier quelque peu ses comportements et aider à trouver une solution acceptable par tous.

Au chapitre options seront donnés des exemples de comportements que les autres peuvent adopter pour aider Louis à sortir de ses stress personnels.

Repérer les différentes formes de blocage et les réduire

En reprenant la grille des blocages, voyons où se trouve chacun.

◆ **René : 4e degré : Agressivité.** C'est le cas de René, certainement le plus touché. Il faudra l'aider à désescalader, en le laissant vider son sac et s'agiter (3e degré) puis le rassurer en se mettant d'accord avec lui sur une méthode, une organisation (2e degré) et, enfin, il sera à même de trouver les actions pratiques, après un moment d'attente où il n'a aucune idée de ce qu'il peut faire (1er degré).

◆ **Louis et le responsable informatique : 2e degré : Soumis à un modèle rassurant.** Le responsable de l'informatique et Louis sont trop dépendants des méthodes informatiques, oubliant les problèmes humains liés à leur mise en place. Il faut les aider à remettre en cause leur approche, en leur recommandant de s'occuper des problèmes des personnes. Les difficultés qu'ils rencontrent vont d'ailleurs les y aider. Ils passeront alors au 1er degré : « Je suis d'accord, mais je ne sais pas que faire… » en remettant à plus tard, l'analyse sérieuse du conflit. Jusqu'au moment où ils se décideront (seul ou avec une aide ou en lisant ce livre…) à analyser le conflit et à trouver des options pratiques pour s'en sortir.

Définir des objectifs positifs à poursuivre et déterminer des options d'actions

Des objectifs positifs : ce que chacun veut

Une hypothèse fructueuse : les protagonistes de ce conflit ne sont pas forcément méchants dans cette affaire. Il y a davantage de maladresse que de manipulations stratégiques. Ainsi, si la question est posée à chacun d'eux : quel est l'objectif positif pour chacun de vous? Quel objectif valable, réaliste et motivant? Louis dira : répondre aux nécessités de productivité du marché concurrentiel en période de crise, dans un climat social sans histoire. René dira : faire respecter mon autonomie de gestion, car je suis seul à bien connaître la situation. Le chef informatique : mettre en place un outil informatique moderne et, ainsi, réussir mon entrée de nouveau cadre dans la société, en me faisant accepter par les autres.

Et c'est en partant de ces objectifs réels, légitimes, motivants, que des solutions réalistes peuvent être élaborées et négociées avec chacun des partenaires, respectant les désirs et les compétences de chacun, pour la plus grande part possible.

Ces objectifs ne sont pas incompatibles et des compromis sont possibles, encore faut-il qu'ils soient explicités.

Déterminer des options d'action

Voici la liste des options possibles qui s'inspirent de ce qui a été trouvé dans les paragraphes précédents en analysant les points clés du conflit. Pour chaque option, le responsable informatique, René et Louis décideront celles qu'ils vont mettre en pratique en fonction des trois critères de légitimité, de réalisme et d'avantage (section 1 du chapitre 2).

Options pour le responsable informatique

– Se demander quel est son pouvoir réel ? (représentation excessive de supériorité).

– Veiller à mettre un climat plus serein de liberté organisée favorisant la sécurité : laisser René « vider son sac » et le rassurer pour le débloquer.

– Mettre sur la table les problèmes de relations et de pouvoir plutôt que faire semblant de traiter uniquement le problème technique...

– Se faire bien voir de son nouveau patron en étant un habile animateur d'hommes tout autant qu'un habile informaticien.

– Savoir retarder des plans à court terme pour réussir à moyen terme, en tenant compte des craintes de chacun, en particulier des peurs et du fantasme d'infériorité de René.

– Être plus modeste et réaliste sur sa position dans le service : il arrive, il a à faire ses preuves.

– Apprendre à négocier avec les opérationnels.

– Être imparfait et se donner le droit à l'erreur peut être un bon moyen de faire accepter les changements : une réflexion à creuser pour le responsable informatique (sous stress, il exagère son souci de trouver des solutions « sans faille »).

Options pour René

– Se demander quel est son pouvoir réel ? (représentation excessive d'infériorité).

– Diminuer sa peur d'être dépassé en s'informant et se formant sur les possibilités de l'informatique.

– Se renseigner avec exactitude sur les dangers réels de l'opération pour son indépendance.

– Découvrir les avantages de l'informatique pour sa productivité, donc son efficacité et sa réussite.

– Sortir de son complexe d'autodidacte et de forteresse, en comprenant le lien entre les deux.

– Apprendre à « s'affirmer tranquillement » et découvrir qu'il est possible de résoudre un conflit, sans être ni passif, ni agressif, mais négocier (cela s'apprend).

– Abandonner ses réactions au stress en acceptant l'ouverture.

Options pour Louis

– Se demander quel est son pouvoir réel ?

– Savoir qu'un patron peut être manager efficace sans tout contrôler et sans posséder toutes les informations (stress du manager).

– Donner des possibilités de « jardin secret » à des collaborateurs peut être très efficace.

– Modérer les ardeurs technocratiques de son chef informatique.

– Comprendre la peur de René et le rassurer par des garanties réelles.

– Développer des relations de négociation en trouvant la plage de solidarité solide avec ses collègues.

– Diminuer sa méfiance : elle est parfois judicieuse, mais tout excès est dangereux ; faire confiance peut donner de bons résultats, si la délégation est bien organisée.

En conclusion, dans une affaire comme celle-là, où triomphes et revanches ont l'air d'être les ressorts essentiels du conflit, la démarche fondamentale consiste à se dire : « Pourquoi se battre ? » Il n'y aura ni vainqueur, ni vaincu et cela peut continuer longtemps, de revanche en revanche. Le plus réaliste est de trouver un compromis qui ménage au mieux ses intérêts et ceux des autres, car on doit rester encore ensemble. Un autre point clé est de bien sentir le processus de conflit pour stopper la mécanique quand il est encore temps. Enfin, il apparaît primordial de comprendre les peurs et les inquiétudes du « revanchard ». « Qu'est-ce qui l'inquiète ? Qu'est-ce qui est inquiétant ? Quelles sont les réponses possibles ? »

Des actions peuvent être développées : action sécurisante du patron, négociation, rencontres, réunions, information et formation. Dans l'histoire réelle, une issue heureuse a finalement été trouvée. Quelques-unes seulement des options indiquées ont été retenues par les acteurs du conflit. En effet, cette méthode ne suppose pas d'appliquer l'ensemble des options. À chacun de choisir celles qui lui conviennent. Aux acteurs de décider les actions qui leur apparaissent légitimes, pour eux et leur entourage, réaliste, applicables et avantageuses pour eux et les autres.

Remarque : Trois autres cas seront proposés à la partie Mettre en pratique et vous trouverez des exemples détaillés d'analyse et d'options pratiques aux corrigés des exercices 3, 4 et 5.

3

CHAPITRE

Les agissements multiformes des persécuteurs

Qui dit conflits interpersonnels, évoque tout de suite des comportements agressifs, ce qui est en effet le plus courant. C'est pourquoi nous commencerons par ces attitudes source de nombreux conflits. Mais elles sont multiformes et peuvent être plus difficiles à repérer qu'il n'y paraît. C'est pourquoi, il est indispensable de faire le tour des agissements les plus typiques pour les repérer facilement et par là, mieux les gérer.

Nous commencerons par l'agressivité affichée et avouée comme système de management : les *dictateurs,* sources de nombreux conflits dont les autres sont toujours la cause, au moins si on en croit leurs dires, puis les *guerriers*; il y a d'abord ceux qui ne se trouvent pas en situation de hiérarchie et ne peuvent être dictateur facilement, bien qu'ils aimeraient certainement l'être. Ensuite, en fonction de pouvoir plus incertain, entre collègues ou managers de même position hiérarchique, ils doivent ruser; ces guerriers-là ont besoin de stratégie pour exercer leur agressivité. Puis nous passerons à des attitudes qui se veulent plus intellectuelles et admises en société : les *dévalorisateurs,* ceux qui savent critiquer avec intelligence et compétence (disent-ils) et qui savent diffuser les critiques dans toute l'entreprise (merci pour l'ambiance!). Enfin, nous arrivons aux *innocents* et aux *manœuvriers* qui savent manier la psychologie manipulatrice, souvent, croyant bien faire et sans se rendre compte des dégâts… Les conséquences n'en restent pas moins désastreuses, car ces attitudes sont une source importante de conflits[1].

1. Une vidéo conçue par l'auteur présente ces exemples, réalisée et éditée par IPLF, 19, avenue de la Marne, 92120 Montrouge.

1. Les dictateurs

Bien sûr, nous commençons par ceux qui ne cachent pas leur agressivité et ne pensent pas que leur attitude fait perdre de l'argent et des clients, car ce ne sont jamais eux les responsables, mais toujours les autres, qui ne sont pas à la hauteur. La première source de conflits, extériorisée ou non, est l'attitude de domination excessive. Leurs collaborateurs caricaturent souvent leurs responsables en employant l'expression « au pied… » que les maîtres utilisent avec leur chien ; nous avons gardé l'expression, car elle dit bien ce qu'elle veut dire. Mais cette attitude existe aussi quand une personne se trouve avoir un certain « petit pouvoir » au travail et en profite pour traiter ses interlocuteurs de la même façon. La deuxième attitude se veut déjà plus subtile et est bien connue de tous, c'est le fameux « diviser pour régner » qui reste un grand classique et a plus de partisans que l'on croit, bien qu'il ne soit plus tellement à la mode de s'en vanter. Mais le pire est que certains le font, croyant être efficaces en se tenant au dessus de la mêlée. De toute façon, hélas, cette attitude n'est finalement qu'une incitation au meurtre. C'est d'ailleurs ainsi que nous la nommerons.

1.1 « Au pied »

Le responsable se croit plus puissant qu'il n'est. Quand le maître se croit trop de pouvoir, il risque de devenir l'esclave de ceux qu'il traite en esclave. La plupart du temps, bien sûr, le manager ne se rend pas compte qu'il traite ainsi ses collaborateurs ? Ce sont eux qui se sentent traités « comme des chiens ». Mais il pense être simplement un manager qui fait son devoir, avec courage et, surtout, sans démagogie. Son métier est d'exiger des résultats et de la qualité, donc, il l'exige. Il admet que c'est peut-être un peu brutal, mais « on n'a rien sans rien », dit-il. Le problème, c'est le moyen terme. Cette attitude peut donner des résultats valables, un moment, rarement dans la durée. L'autre problème, plus grave, est que cette attitude l'amène à avoir une grande majorité de collaborateurs dociles, sinon soumis et passifs, incapables d'initiative et de dynamisme.

En effet, ceux qui veulent faire preuve d'initiative entrent immédiatement en conflit avec ce type de managers. Si le marché du travail est assez ouvert pour leur spécialité, après des séries de conflits sans solution, ils s'en vont à la concurrence. Ce sont souvent (pas toujours) les éléments les plus dynamiques, c'est donc un grand risque. Si le marché du travail est fermé, bien sûr, ils restent et se taisent, rejoignant la cohorte des soumis passifs. Mais, il faut savoir que les dynamiques devenus soumis par nécessité ont du mal à bien travailler, deviennent encore plus passifs que les autres, se vengent en comptant strictement leurs heures… ils pratiquent ce qu'il est convenu d'appeler « de la résistance passive ». C'est le conflit caché, qui a l'inconvénient par définition de ne pas se voir et pourtant de coûter très cher en efficacité et rentabilité.

Et enfin, dernier problème, il n'y a pas pire que l'eau qui dort. Elle se réveille en tempête et l'incident risque d'être difficile à gérer. L'attitude « au pied » peut donner un moment une impression d'efficacité, mais elle est dangereuse à moyen terme et les risques d'inefficacité peuvent être importants. On parle souvent « des petits chefs » qui abusent de leur pouvoir (la tradition de l'adjudant...), ce qui est exact. Mais il convient de parler aussi des cadres supérieurs de direction qui acceptent une attitude autocratique de leur président et certains comités de direction très formalistes traduisent bien cette ambiance « au pied ». Mais « Paris vaut bien une basse messe » pensent ces cadres dirigeants, qui savent qu'ils pourront ensuite contourner les orientations prévues, car le président centralisateur ne peut pas tout suivre. Un peu de soumission et d'humiliation permettent en échange de garder une fonction intéressante à tous points de vue. Bien sûr, les risques d'inefficacité de l'attitude « au pied » en sont d'autant plus importants.

Un cas particulier : les cerbères

Mais il faut aussi citer le cas de personnes qui se trouvent n'avoir aucune fonction hiérarchique dans l'entreprise, mais possèdent pourtant une parcelle de pouvoir : c'est le fameux « guichetier » qui va traiter les clients avec agressivité parce qu'il représente le pouvoir administratif. Il existe aussi dans l'entreprise des « cerbères » qui profitent de leur place pour écraser les personnes à qui ils sont censés rendre service et qui pratiquent allégieusement le « au pied » sans que personne ne les en empêche, car les managers ont d'autres graves soucis que de s'occuper de ces petits détails !

Diagnostic

Ce genre de responsable se croit plus puissant qu'il n'est; pour lui, la soumission est son objectif prioritaire, en oubliant que le véritable but de son activité est l'efficacité Il a tellement peur de perdre son autorité, c'est son point faible, qu'il la défend « bec et ongles ». C'est le cas du « petit chef » obligé d'exercer son autorité avec un pouvoir faible, étant donné sa place dans l'organisation. C'est encore plus vrai pour le cas du « cerbère » qui a souvent en face de lui des personnes d'un niveau de responsabilité supérieur à lui. Ils ont peur, « les dictateurs » ! C'est également vrai que leurs interlocuteurs se laissent parfois écraser parce qu'eux aussi ont peur et ne se rendent pas compte du pouvoir qu'il pourrait exercer s'ils le voulaient. Souvent, cette attitude excessive de soumission est liée à un contexte de sécurité excessive (sécurité de l'emploi, avantages sociaux), accompagnée d'absence de liberté. C'est la fable de la Fontaine *Le chien et le loup* où le chien accepte le collier et l'absence de liberté pour avoir la gamelle et la niche, alors que le loup accepte l'insécurité pour avoir la liberté ! Les collaborateurs se soumettent « au pied » parce qu'il savent qu'ils peuvent être inefficaces, du moment qu'ils sont dociles. Ce responsable crée une ambiance « cour monarchique » et chacun a très peur de déplaire ; le manager le sait et entretient cette peur, car il a tout le temps besoin de prouver sa supériorité. Il a un fantasme « il faut toujours être le plus fort, autrement, on est écrasé. Méfie-toi des faux dynamiques ». Il a peur d'être dépassé et applique des solutions stéréotypées telles que « avec ces gens-là, il n'y a que la force qui compte ». Leur entourage, à leur manière, en se mettant en position d'infériorité excessive pour finalement en profiter, méconnaît souvent toutes les possibilités qu'il a de mener des actions efficaces. Leurs réponses au stress est : « Fais plaisir aux autres, ne pense pas à toi-même, ne te préoccupe pas de ta réussite personnelle… » Ainsi, les uns et les autres se renforcent dans leur situation d'inefficacité.

Comment s'en sortir ?

L'objectif est clair : organiser une délégation dynamique, permettant initiatives et résultats pour exorciser toutes ses peurs et canaliser les énergies positives.

Options pour un responsable « au pied »

– Prendre conscience de sa peur d'être dépassé, trouver les moyens pour se rassurer, avec preuves et garanties.

– Se donner des messages positifs : il est possible que la réussite du collaborateur développe en même temps la réussite du patron.

– Faire attention à l'illusion de l'agrément de la docilité, source de bonnes relations humaines, mais aussi de passivité inefficace.

– Prendre des précautions pour que sa propre sécurité psychologique, vis-à-vis de son collaborateur, soit assurée, pour diminuer sa peur : contrat, engagements réciproques…

Options pour un collaborateur soumis à ce responsable

– Analyser le rapport réel de pouvoir entre lui et son responsable, et voir les initiatives qu'il peut prendre, sans danger (calcul de risque).

– Prendre conscience de sa timidité excessive et de son besoin de soumission : s'entraîner à l'affirmation positive de soi.

– Ne pas se laisser accrocher par son souci excessif d'être gentil et de faire plaisir jusqu'à être exploité…

– Se dire : « Fais plaisir, mais aussi pense à toi, à ta carrière, à ta réussite personnelle, tu as le droit de réussir. »
– Oser quelques actions bien réfléchies et limitées à l'encontre de son responsable pour affirmer son autonomie.
– Envisager de quitter ce patron trop possessif pour en trouver un autre de meilleure compréhension.

Options pour le responsable d'un cerbère

– Bien comprendre qu'entre des traits de caractères dominateurs, cette personne a peur de ne pas bien faire son travail si elle ne terrorise pas ses interlocuteurs qui ont souvent davantage de pouvoir officiel dans l'organisation.
– Voir comment il est possible de lui donner davantage de sécurité en organisant mieux son poste et en lui rappelant quelques normes de correction dans les relations.
– S'il s'agit vraiment d'un caractériel, le changer de poste, car il a une influence négative plus grande que le responsable ne le croit. En effet, si une personne, dans son service, peut se permettre d'agir ainsi (avec la bénédiction supposée du manager), les autres vont se dire « pourquoi pas moi ? ».

Options pour le responsable d'un « petit chef », style « au pied »

– Ne pas lui faire la morale sur son « vilain comportement » car il sera encore davantage infériorisé.
– Bien voir que c'est souvent ce sentiment d'infériorité dans la hiérarchie (petit chef) qui le pousse à être autocrate.
– Voir comment il est possible de lui donner davantage de pouvoir, « de poids » dans le système hiérarchique pour qu'il n'aie plus besoin d'être « dictateur » : l'informer avant les autres, le soutenir en cas de litige avec un collaborateur, etc.

1.2 L'incitation au meurtre

Cette attitude est souvent présentée sous un jour favorable et inattaquable. Ce manager doit déléguer, décentraliser et il espère mieux s'en sortir en se mettant au-dessus de la mêlée. Il affirme promouvoir la responsabilité et l'autonomie, en ne se mêlant pas dans le détail de ce que font ses collaborateurs. « Voyez vous-même avec votre collègue », aiment répéter les partisans de cette attitude. S'ils en restaient là, ce serait moins grave. Mais, en général, ils adorent mettre en compétition les personnes qui travaillent avec eux. « Que le meilleur gagne » affirment-ils. Ce qui peut encore se concevoir. Mais là où le bât blesse, c'est qu'ils ne se fixent pas de règles du jeu claires et précises à cette compétition et si un différend se fait jour, ils se gardent bien de trancher, n'osent pas prendre de décision pour rester comme ils aiment à le répéter « au-dessus de la mêlée ».

Le problème commence réellement quand les personnes ont besoin de cette décision et qu'elles n'ont absolument pas les moyens et les pouvoirs de trancher. Seul, leur manager peut le faire et il ne le fait pas. Machiavélisme ? plus rarement que certains le disent. Peur de se compromettre ? plus fréquent qu'on ne le croit. Le résultat ne se fait pas attendre : les affaires traînent. Les protagonistes cherchent à en sortir et, espérant trouver une solution dont ils ont besoin, se mettent à s'affronter de plus en plus souvent et les conflits deviennent incessants. L'échappatoire classique d'un manager de ce type est de se plaindre « qu'il est mal entouré et obligé de tout régler lui-même ». Mais ces belles considérations ne trompent personne et celui qui divisait pour régner, ne règne plus du tout et doit décider dans les pires conditions, ou pire, laisser continuer l'indécision : le travail traîne et rien ne se passe. Ils règnent encore, mais sur un monde inquiétant d'inertie.

Espérer s'en sortir en se mettant au-dessus de la mêlée est une illusion. Cette attitude apparaît manipulatrice, même si le responsable n'a pas voulu manipuler.

Diagnostic

Quand l'analyse du rapport de force montre bien que la situation sera bloquée, car les protagonistes n'ont pas le pouvoir de décider pour trancher et choisir, l'attitude de celui qui veut être au-dessus de la mêlée, devient automatiquement une « incitation au meurtre »... car ils n'ont plus qu'un choix inefficace « se battre ». En fait, cette attitude de distance des problèmes quotidiens crée un manque grave de sécurité qui inquiète et laisse trop de liberté : en laissant chacun faire ce qu'il veut, il est fatal que les conflits arrivent. Derrière cette façon de manager, se cache une peur excessive de perdre le pouvoir, associée à la peur de déplaire.

Cette attitude est souvent encouragée par les collaborateurs eux-mêmes qui croient ainsi être libérés d'une autorité trop pesante et qui se mettent à rêver de toute-puissance. Bien sûr, le manager joue de ce rêve et le piège se referme sur tout le monde. L'image du « manager démocrate » encourage, de fait, le « diviser pour régner », c'est-à-dire la dictature. Il reste que, trop souvent, le « battez-vous entre vous » est encouragé par les gens eux-mêmes qui trouvent un malin plaisir à se faire la guerre. Chacun est irréaliste. Le manager se croit le plus fin Machiavel en « divisant pour régner », mais, finalement il va se faire mal voir et les affaires vont traîner, amenant de mauvais résultats. Les collaborateurs qui subissent cette attitude, espérant arriver à vaincre l'autre, alors que c'est impossible, sont flattés, un moment, d'être libres et autonomes pour décider, alors qu'ils n'en ont pas les moyens.

Tout le monde cache finalement une grande passivité face aux problèmes à résoudre. Bien sûr, le manager est responsable, mais ses collaborateurs aussi, en s'agitant et se disputant pour rien, en se cachant leur problème fondamental : leur faiblesse de pouvoir. En fait, ils fonctionnent tous avec des schémas stéréotypés : le fameux « diviser pour régner » pour le manager et, pour les protagonistes, l'idée classique qu'il suffit de bien s'expliquer et de discuter pour arriver à régler les problèmes. Hélas, une capacité suffisante d'influence, de pouvoir et de moyens est incontournable.

Comment s'en sortir ?

Options pour le manager

– Se rendre compte qu'il est le mieux placé pour décider et qu'il a plus de pouvoir que ses collaborateurs qui n'ont pas les moyens de trancher.

– Mettre un climat de plus grande sécurité en diminuant le management du type « Voyez vous-même… » ou « Je m'en lave les mains… ».

– Être conscient des dangers de « l'incitation au meurtre », même avec de bonnes intentions…

– Ne pas se laisser prendre par son point faible : plaire et être estimé.

– Découvrir que décider et prendre des responsabilités supposent de déplaire, au moins partiellement.

– Reconnaître à ses collaborateurs la légitimité de leurs intérêts et ne pas leur demander de se sacrifier.

– Se donner des messages positifs comme « Sois compréhensif et réaliste. Ne fais pas plaisir à tout le monde. Assume tes responsabilités ».

– Se convaincre qu'il n'est pas possible de se débarrasser d'un problème sur les autres… tôt ou tard, il a de bonnes chances de revenir… attention à l'effet boomerang.

– S'informer auprès des cadres, voir les responsabilités de négociation et de décision communes puis prendre le risque de trancher.

– Savoir que demander à quelqu'un de prendre une décision qui peut aller à l'encontre de ses intérêts, est méchant et dangereux.

Options pour les collaborateurs

– Sortir de l'illusion flatteuse qu'ils n'ont pas besoin de leur responsable ; si c'est vrai, ils trouveront bien une décision commune, si c'est faux, ne pas attendre et poser le problème à leur manager.

– Ce n'est pas en « gémissant » qu'ils sont les victimes de leur manager qu'ils s'en sortiront. Ils ont marché. Ils peuvent stopper le conflit dès le début : « Voyons ce qui peut être de notre ressort… partageons les responsabilités selon les informations et les pouvoirs… »

– Se rendre compte qu'il ne suffit pas de bonne volonté et d'essayer encore et encore pour que ça marche… même en se fatiguant beaucoup, cela n'excuse pas l'échec.

– Calculer ses chances de réussite, réfléchir, être stratège et acteur, c'est légitime et utile pour tout le monde.

– Bien analyser ce qui est de leur possibilité réelle de négociation, décider en commun puis demander au manager d'arbitrer.

– Refuser de se battre entre eux et refuser les occasions de se battre proposées par le responsable.

– Garder la solidarité entre eux et ne pas se laisser diviser par flatterie et rêve de puissance.

2. Les guerriers

Ce sont des agressifs. Ils aiment la bagarre. Ce sont les guerriers. L'entreprise est pour eux un champ de bataille. Il y a le loup et les agneaux, et ils sont clairement du côté des loups. Leur devise : tuer sinon être tué. Tout est rapport de force et il convient d'être du côté des vainqueurs. Nous donnerons deux exemples de conflit typique provoqué par les guerriers : le bras de fer ou la guerre de position, et la guerre psychologique, que l'on peut résumer par cette phrase « Cette fois, je te tiens… ».

2.1 Le bras de fer ou la guerre de position

Ce genre de conflit est assez classique entre responsables d'unités ayant des intérêts différents et des fonctions qui peuvent les amener quasi automatiquement à s'affronter. Comme en général leurs pouvoirs sont égaux et que personne ne peut donc jouer de son statut hiérarchique pour dominer l'autre, la lutte peut être sans fin. Ce genre de conflit devient de plus en plus fréquent avec les nouvelle structures en réseaux et par projets où les jeux d'influence sont plus libres. Ils se produisent aussi entre centres de profits concurrents où les frontières entre les clients et les marchés ne sont pas aussi évidentes que la structure le prévoit. Bien sûr, ce genre de conflit est habituel entre les ventes et le marketing, les ateliers en amont et en aval, etc. Les collaborateurs en souffrent particulièrement car, bien sûr, leurs responsables respectifs les enrôlent dans leur guerre. Chacun doit devenir patriote et défendre son camp.

Comme toujours dans ce cas-là, il y a des traîtres et des « collabos » qui sont dénoncés. Peu à peu, le service au client et la qualité, les vrais combats utiles, deviennent moins importants que « la guerre des chefs », comme on l'appelle souvent. Les nouveaux arrivants sont mis au courant par les autres et, comme dans ces campagnes où de génération en génération on se hait pour une vieille histoire de frontière de champs, ainsi perdurent ces sortes de conflits. Une saine compétition est dynamique et source d'efficacité : il s'agit de relever un défi utile à l'entreprise, de montrer sa valeur comme dans une compétition sportive. Mais là, nous nous trouvons dans un contexte de compétition excessive qui, ainsi, se transforme en guerre de position.

Diagnostic

Il y a une première erreur décisive, les protagonistes se trompent sur leur pouvoir réel d'influence. Ils sont en position de « pouvoir flottant » et donc, acculés à la négociation. Il existe aussi un climat de liberté excessive et d'insécurité qui permet et facilite les comportements guerriers. Ils imaginent, à tort, que l'autre ne peut rien sans lui et chacun veut le lui prouver, mais l'autre, précisément, veut montrer qu'il peut très bien se passer de lui. Par derrière, chacun a peur de perdre la face et d'être abandonné, inutile, parce qu'écrasé et trompé, surtout si certains de leurs collaborateurs, tout naturellement, ne se croient pas obligés d'épouser totalement la cause de leur responsable. Ainsi, chacun se met en situation impossible, provoquant ce qu'il craint. À cette peur va s'ajouter la haine des autres, devenus des ennemis et la colère, due à la frustration de ne jamais vaincre, car c'est impossible.

Malgré tout, chacun y trouve une certaine excitation psychologique qui maintient tout le monde dans cette situation : les bruits de couloir font les délices de certains, on compte les points et les scènes entre les protagonistes, pendant les réunions, ne manquent pas de piquant. Chacun raconte aux autres les péripéties du combat des chefs : feuilleton inépuisable pour alimenter les ragots. Mais peu à peu, tout le monde s'aperçoit que cette agitation déguisée ne mène nulle part. Les collaborateurs en ont assez. Leurs responsables ont des croyances dangereuses : il faut maintenir les autres en dépendance, en infériorité, si l'on ne veut pas soi-même être mis en dépendance à son tour. Chacun s'imagine n'être valable que si l'autre ne l'est pas. Bien sûr, certains des collaborateurs ont les mêmes croyances et soutiennent leurs managers. Ainsi, l'état d'esprit guerrier se répand dans l'entreprise à tous les niveaux.

Comment s'en sortir ?

L'objectif est clair : sortir de l'attitude de repli sur les problèmes internes de structure de pouvoir et s'orienter vers l'extérieur. Le seul but : réussir les produits et services qualité qui font gagner les marchés et des clients sur la concurrence. Pour cela, il convient d'instaurer un système dynamique de saine compétition[2] en agissant à plusieurs niveaux :

– Faire l'inventaire des compétences mutuelles : chacun apprécie l'autre pour ce qu'il peut vraiment apporter à la réussite de l'affaire.

– Ne pas espérer, ni même vouloir, changer la personnalité ou le comportement de l'autre.

– Traiter chaque difficulté pratique au fur et à mesure qu'elle se présente, en cherchant des solutions ponctuelles et provisoires.

– Ne pas espérer, ni chercher de solutions définitives pour qu'il n'y ait plus de conflit : ce genre de solution n'existe pas.

– Augmenter peu à peu l'échange d'informations utiles permettant l'accroissement du chiffre d'affaires et la motivation du personnel.

– Mettre des systèmes d'objectifs communs, avec un intéressement aux résultats, pour développer l'idée que travailler ensemble, « ça paie ».

– Refuser de répondre aux provocations de type « persécuteur », car les suites inefficaces sont prévisibles et connues.

– Prendre conscience des points faibles et, par là, ne pas se laisser manipuler à ce niveau : peur de domination, etc.

– Trouver des moyens pour préciser les pouvoirs de chacun ; la sécurité de territoire est insuffisante. Il y a un besoin de sécurité à ce sujet.

– Remplacer le message erroné et dangereux « Mets les autres en dépendance de toi, si tu ne veux pas être mis en dépendance à ton tour », par des messages plus efficaces : « Réussis les ventes, c'est la meilleure indépendance… il n'est pas nécessaire que l'autre ait tort pour que tu sois sûr d'avoir raison… réussir n'est pas être meilleur que l'autre, mais meilleur que sa dernière performance propre… »

2.2 Cette fois je te tiens…

Ce sont des guerriers plus subtils, des combattants de l'ombre, qui aiment les stratégies secrètes. Ce sont des joueurs d'échec. C'est l'histoire sans fin des manipulateurs manipulés qui manipulent, etc., chacun jouant avec l'autre au plus fin, type de comportement qui provoque des conflits incessants… L'essentiel pour eux est de régler des comptes, dès que l'occasion se présente, et chacun sait que les occasions ne manquent

2. Cf. l'ouvrage de L. Bellenger, *Être stratège*, ESF éditeur.

pas et, donc, les conflits non plus. Ils vont régulièrement informer leurs responsables de leurs bonnes idées, mais, hélas, « il y a des résistances, des difficultés », disent-ils. Le piège est prêt pour se venger d'un collègue et le mettre « au placard ». Ils se débrouillent pour avoir l'accord des personnes qui ont le pouvoir et il leur suffit alors de tirer les ficelles. Ces personnes influentes se chargeront de faire le travail. Ainsi, ces guerriers de l'ombre diront qu'ils n'y sont pour rien, mais que la direction (qu'ils ont su influencer) l'exige. Ce n'est jamais eux… Bien sûr, à malin, malin et demi, les malheureux qui se sont laissés prendre à ces subtiles manœuvres ont vite compris le système. Eux aussi se vengent et tel est pris qui croyait prendre. Ils aiment s'attaquer « aux petits nouveaux », proies faciles mais ceux-ci attendent leur heure, et se vengent. Quelque temps plus tard, les anciens prennent leur revanche. C'est une histoire sans fin de conflits sans fin !

Diagnostic

Là aussi les rapports de pouvoir réciproque sont flottants : personne ne peut réellement gagner sur l'autre. Ce type de conflit se développe souvent dans un climat où le responsable est trop exigeant parfois (l'esprit d'équipe est obligatoire) et à d'autres moments, trop libéral (c'est le type 5 le plus dangereux, cf. chapitre 2, chap. 4) chacun sait bien qu'il peut monter des « coups tordus » sans ennui, car le responsable, un peu naïf pour l'esprit d'équipe, ne regarde pas les affaires d'assez près. Bien sûr, chacun y trouve des joies psychologiques qui l'encourage à poursuivre : joie de dominer l'autre (chacun son tour), plaisir de la stratégie pour coincer l'autre et le tenir dans ses filets. Le plus dangereux, dans ce type de conflit, est le désir de vengeance, associé à la rancœur, sentiments très forts qui nuisent à la coopération. Chacun a aussi très peur de perdre sa position : le manque de dispositions claires des rôles de chacun crée une insécurité qui amène chacun à renforcer ses positions pour se rassurer. De nombreuses fausses croyances sur les relations entretiennent cette attitude : le face-à-face et l'explication franche sont toujours dangereux et ne servent à rien : « Méfie-toi des autres, sois fort, ne montre pas tes faiblesses… ne te dévoile pas… les autres sont dangereux »… « La vie entre les gens est réglée par la manipulation et rien d'autre »… Ils ont aussi une vue trop manichéenne et idéaliste des relations : ou la totale confiance ou la totale méfiance, alors que, bien sûr, la vie est entre les deux la plupart du temps. C'est souvent ce genre de personne irréaliste et trop idéaliste qui, ayant été déçue plusieurs fois dans ses relations avec les autres, devient guerrier : « Tu m'as eu, alors que j'étais honnête avec toi, maintenant, tu vas voir, je t'aurai… » Et le jour arrive où, avec joie, elle peut dire : « Je te tiens… »

Comment s'en sortir ?

Puisqu'il y a pouvoir flottant, le réalisme commande la négociation et la nécessité de trouver un arrangement acceptable et fructueux pour les deux. Quelques exemples d'actions possibles :

Si vous êtes guerrier

– Perdre les illusions sur l'efficacité de la manipulation…

– Prendre conscience des limites de l'efficacité de la manipulation dans un contexte de pouvoir flottant : personne ne peut vraiment gagner, chaque victoire est illusoire et l'autre a toujours la possibilité de se rattraper à sa façon. En cas de forte différence de pouvoir, la manipulation peut avoir une certaine efficacité, mais attention aux conséquences à moyen terme.

– Découvrir les conséquences négatives de la manipulation : passivité, rébellion, revanche, méfiance réciproque, temps perdus en guerres secrètes, etc.

– S'apercevoir des limites de leurs fausses croyances sur les relations humaines : elles ont un aspect vrai, mais leur application systématique est sans issue.

– Savoir que les relations humaines ne se partagent pas seulement entre les relations de pure confiance et les relations de totale méfiance.

– Apprendre quelques recettes pratiques de négociation et, à l'occasion, apprendre à les utiliser en s'y formant.

Si vous êtes le responsable

– Se méfier de ceux qui vous manipulent et se renseigner sur les informations complaisantes amenées « sur un plateau »…

– Mettre davantage de sécurité par des normes de travail en commun claires et connues de tous : objectifs, rôle, missions bien définies et communes, etc.

– Ne pas trop pratiquer le laisser-faire : l'excès de liberté encourage les guerriers.

3. Les dévalorisateurs

Dévaloriser est le sport préféré du persécuteur. Cette activité représente une part notable du temps passé, sinon perdu, au travail. Elle est souvent l'occasion de compétition, qui sera le plus persécuteur, le plus intelligent, le plus percutant, le plus méchant. Cette activité s'exerce en groupe, c'est le premier cas, la critique systématique ou le « ball-trap », mais aussi en petit comité, c'est le deuxième cas « les mauvaises langues ». Chaque cas a sa spécificité et présente des dangers différents, mais les deux sont une source importante de conflits.

3.1 La critique systématique

Cette attitude des persécuteurs est une source fréquente de multiples conflits. Elle rappelle ce jeu appelé « ball-trap » : il y a un appareil à ressort qui lance en l'air des disques d'argile, dits « pigeons d'argile », servant de cible; chaque participant au jeu vise avec un fusil et tente de détruire le pigeon. Certaines réunions, dites de mise en commun des suggestions pour résoudre un problème ou groupe de concertation, sont un lieu favori pour jouer au « ball-trap ». Le président de la réunion encourage chacun à donner des idées de solution, mais elles sont systématiquement détruites « à coup de fusil », par le président lui-même, ou les participants. Chacun se sent le « pigeon d'argile » du ball-trap. La réunion se termine sans avoir abouti à une solution et les désaccords sur les suggestions faites ont occupé tout le temps, pourtant si rare et précieux.

Cette attitude de persécuteur est souvent la cause d'une grande passivité dans les réunions, chacun n'osant pas exprimer ses idées, par peur d'être aussitôt « fusillé »... C'est ainsi que le mot « concertation » a bien perdu de ses vertus... On retrouve cette attitude à de nombreuses occasions dans le travail, dans les relations entre le siège et le « terrain » (usine, vendeur, etc.), entre les gens de la production et les commerciaux, les hiérarchiques opérationnels et les fonctionnels... C'est le rebelle qui n'est jamais d'accord, et qui commence chaque phrase par : « Oui, je suis d'accord, Mais... » et les critiques commencent pour ne jamais finir...

Diagnostic

Chacun trouve un malin plaisir à critiquer l'autre pour se rassurer, « Si moi je ne suis pas toujours à la hauteur et j'ai des ennuis, les autres aussi, puisque tout ce qu'ils se disent ne vaut rien... et je leur prouve en faisant la critique systématique de tout ce qu'ils disent ». Bien sûr, le président de séance ne croit pas vraiment que les participants ont de bonnes suggestions utiles à proposer, mais il veut avoir l'air moderne en jouant à la démocratie. Il souhaite que chacun entende les sous-entendus cachés. Il y a également des sentiments de peur réciproque : le siège a peur du terrain et réciproquement. Chacun a peur des différences de l'autre et attaque en critiquant, pour se protéger.

Ces critiques renforcent aussi les rancœurs, ce mélange de tristesse et de colère, qui renforcent le désir de critiquer pour se venger et se protéger. Mais chacun y trouve quand même un certain plaisir intellectuel (invente des critiques « très intelligentes »), social (critiques admirées par les autres) et affectif (c'est assez excitant). Et donc, chacun aura envie de recommencer. C'est aussi une façon de montrer que l'on est à la hauteur, en mettant l'autre en situation d'infériorité. « Mon idée est meilleure, si l'idée de l'autre est mauvaise ».

Cette croyance est fortement ancrée dans la culture française et alimente cette attitude de persécuteur. Si on ne sait pas comment se tirer d'une situation difficile, une bonne façon de s'en sortir est de critiquer systématiquement les idées des autres. C'est une façon de fuir le problème et, comme toute passivité, avez-vous remarqué, qu'elle s'accompagne d'agitation et de fébrilité ? Plus cette agitation sera forte, plus cette passivité (surtout tout faire pour ne pas trouver de solution) le sera. Ce sera ensuite l'occasion d'occuper son temps de façon prévisible et rassurante en racontant la réunion ratée ou les critiques « bien envoyées », les plus performantes… « Dieu, que la guerre était belle » !

Comment s'en sortir ?

– Sortir de l'idée que pour être fort, il est indispensable de rendre l'autre faible, c'est une impasse qui ne profite à personne.

– Prendre conscience du gaspillage d'énergie que représentent ces critiques systématiques.

– Calculer les dégâts commis par la passivité, et les rancœurs produites par cette attitude.

– Repérer le discuteur, avec sa manie du « oui, je suis d'accord, mais… » pour ne pas se laisser « embarquer » dans des discussions sans fin et lui dire, « Alors finalement, qu'est-ce qu'on fait? »…

– Accompagner chaque critique d'une solution de rechange, comme toute dépense suppose une possibilité de recette.

– Apprendre à critiquer sans dévaloriser, mais de façon constructive et pratique ; il existe des méthodes pour cela, appelées « affirmation de soi » ou « assertivité ».

– Se donner un message positif : dans toutes circonstances, il y a possibilité d'en profiter pour faire passer ses idées, en étant stratège et responsable.

– Rendre positif les messages reçus : une solution partielle, moins parfaite, peut être plus réaliste ; la critique peut avoir des aspects constructifs ; les attaques ont parfois un aspect intéressant.

– Développer une attitude de travail en commun, sans souci de supériorité ni d'infériorité, mais pour des résultats profitables à tous.

– Dans le cadre d'une réunion de travail, si vous êtes le président-animateur du groupe :

- analysez, avant de commencer le travail en groupe, les possibilités réelles (sans peur, sans rêve) de concertation ;
- définissez les objectifs réalistes, limités et intéressants qu'il est possible de donner à cette réunion ;
- maintenez une bonne sécurité psychologique, associée à une liberté d'expression suffisante pendant la réunion, avec des méthodes assez directives, précisant bien les buts réalistes, les droits de chacun ;
- demandez de ne pas critiquer dans un premier temps, selon la méthode de créativité du brainstorming ;
- faites ressortir régulièrement les résultats applicables des suggestions proposées ;
- organisez la critique suivant des critères précis d'avantages et d'inconvénients, selon l'aspect humain, économique, financier, commercial, qualité, etc.

– En tête à tête ou en réunion, savoir arrêter une discussion qui tourne à la critique systématique, sans issue, ne pas se laisser prendre au jeu… un discuteur peut tenir longtemps.
– Souligner d'abord le positif de la suggestion, autrement, la personne croit que vous ne trouvez que du négatif à 100 %.
– Indiquer le pourcentage de négatif par rapport au positif, il est en général très minoritaire, ce qui aide à faire passer la critique, autrement la personne croit que vous la trouvez négative à 100 %.

3.2 Les mauvaises langues

Cette attitude est très fréquente. Qu'aurions-nous à nous dire au restaurant d'entreprise ou à la machine à café, voire au cours des entretiens téléphoniques ou des réunions, si on devait supprimer l'activité : « Dire du mal des autres ». Il ne s'agit certes pas de supprimer totalement cette habitude. D'abord, il n'est pas mauvais de « vider son sac », ensuite, il est utile de dire ce qui ne va pas, pour l'améliorer, même si on met en cause des personnes. Mais il est préférable de pratiquer cette activité avec modération, et il n'est pas toujours judicieux de faire partie des équipes qui concourent pour les championnats de la médisance, sinon de la calomnie[3]. L'attitude qui provoque le plus souvent des conflits et gêne la coopération, est un mélange des deux. Les dévalorisateurs procèdent par allusions et sous-entendus. L'interlocuteur préféré est le nouveau qui arrive dans le service.

3. Rappelons que la tradition distingue deux façons de dire du mal des autres : si c'est vrai, on parle de médisance, si c'est mensonger, on parle de calomnie.

À la traditionnelle question « Comment ça se passe ici ? », ils répondent en distillant des confidences allusives, sans faits précis. Il serait pourtant efficace et utile pour le nouveau d'indiquer des faits précis, situés dans un ensemble positif. Il ne s'agit pas de cela. Les dévalorisateurs aiment créer un climat de méfiance et adorent fouiller dans la vie des autres pour semer la discorde, surtout s'ils trouvent une oreille attentive. D'ailleurs, l'interlocuteur intéressé fait souvent partie lui-même de la même famille des dévalorisateurs et il se précipitera pour raconter aux autres ce qu'il vient d'apprendre. Très rapidement, la méfiance s'installe dans le service et les conflits s'enveniment au moindre désaccord qui apparaît fatalement dans la vie quotidienne de travail.

Diagnostic

Les dévalorisateurs sont très inconscients du pouvoir dévastateur qu'ils possèdent ; la liberté excessive de parole devient source d'insécurité. Leur motivation ? « Nous ne sommes pas les seuls à avoir des problèmes se disent-ils… Les autres aussi. » Leur point faible ? : se sentir coupables… d'où leur besoin de se mettre en position de supériorité pour cacher leur profond sentiment d'infériorité.

« La vie est pleine de défauts, les gens sont mauvais : tous coupables » telle est leur croyance de base, pour se sentir moins seuls. Pour eux, la meilleure astuce pour cacher leur faiblesse est de faire la morale aux autres et d'en dire du mal. Cette agitation verbale est typique d'une attitude de passivité.

Parler des défauts des autres permet de ne rien faire pour régler ses propres problèmes. Pauvres dévalorisateurs : le persécuteur cache la victime.

Comment s'en sortir ?

Nous avons tous des défauts ? L'objectif est de travailler avec les aspects positifs des autres et de développer ses propres points forts, en minimisant les points faibles. Voir ensemble ce qu'il y a de positif à mettre en commun.

Voici quelques comportements qui découragent les « mauvaises langues » :

– Être conscient du besoin d'être rassuré qu'ont les gens qui dévalorisent, leur donner de la sécurité, ils sont très inquiets sur leurs propres défauts (sans doute ont-ils une faiblesse particulière qu'ils veulent cacher…).
– S'entraîner à voir et mettre en valeur, les aspects positifs des gens et des événements, en situant bien les aspects négatifs selon la proportion du positif.

– Ne faire sortir que ce qui est traitable et a une solution rapide.
– Prendre conscience des causes psychologiques de l'habitude de dire du mal des autres et de l'inefficacité de la méthode.
– Refuser d'entrer dans les conversations de ce type.
– Ne pas faire la morale aux autres en les critiquant de critiquer.
– Engager la conversation sur un autre sujet.

L'ART DE CRITIQUER
(Méthode de l'affirmation de soi) [4]

1. Trouver la bonne porte	11. Se référer au système de valeurs de son interlocuteur
2. Traiter en privé avant de le faire en public	12. Décrire les conséquences négatives des griefs non résolus
3. Éviter les comparaisons	13. Dire « je » et éviter le « vous » accusateur
4. Protester verbalement et non par mimiques	14. Présenter l'aspect positif de tout le reste
5. Éviter l'humour et l'ironie	15. Ne pas exiger l'impossible
6. Ne pas laisser s'accumuler un contentieux	16. Suggérer une solution réaliste et acceptable par toutes les parties intéressées
7. Déposer une plainte à la fois	17. Se préparer à protester et s'y exercer
8. Ne pas s'excuser, ne pas être coupable	
9. Ne pas dire « toujours » ou « jamais »	
10. Être concret et précis	

4. Les innocents

Ce sont des persécuteurs plus subtils, en tout cas, plus cachés et difficiles à découvrir. C'est pourquoi il est intéressant de les décrire pour mieux les cerner et les empêcher de créer des conflits, alors qu'ils se présentent sous les jours les plus innocents. Premier exemple, l'amnésique qui ne se souvient plus, tout à coup, de ce qu'il vous a dit. « Mais je vous assure, je n'ai jamais dit ça, voyons !... » Tiens, tiens, qu'est ce que ça cache ?... Le deuxième exemple que j'appellerai « Trop poli... ». Il a de bonnes relations humaines, trop aimable... Là aussi, qu'est-ce que ça cache ?...

Parfois, tout simplement une manipulation hypocrite, habile, d'innocence. Là, la personne est pourtant moins innocente qu'elle ne croit. Elle le comprendra quand elle verra les dégâts psychologiques qu'une telle attitude provoque dans le travail. Mais c'est trop tard. Ou bien, elle ne le verra pas, car tout sera tellement caché qu'elle ne comprendra pas que démotivation et passivité sont créées par son attitude. Mais, dans d'autres cas, la personne croit bien faire, c'est de l'inconscience. Elle ne se rend pas compte. C'est

4. D. Chalvin, *L'affirmation de soi*, 12e édition., ESF, 2004.

l'innocent débutant ! Il ne voit pas qu'il va être la cause de conflits et de tensions, parce qu'il ne connaît pas les lois des relations humaines. C'est peut-être une personne plus dangereuse que l'hypocrite malhonnête. Vous en connaissez. Nous en sommes peut-être, parfois, sans le savoir !

4.1 L'amnésique

C'est souvent l'attitude d'un responsable qui se trouve piégé par une déclaration antérieure qu'il a malencontreusement faite, sans avoir bien analysé les conséquences exactes de ce discours. Comme chacun sait, il n'y a pas pire sourd que celui qui ne veut pas entendre. Pris dans le feu de l'action, au cours d'une conversation informelle, chacun peut être amené à donner une simple opinion qui est reçue comme un quasi-engagement. En tout cas, les collaborateurs, à la première occasion, n'hésitent pas à le rappeler. Et le piège se referme, il nie la réalité, le sachant ou l'ayant oublié, mais l'effet « persécuteur » reste le même pour les interlocuteurs. Souvent, eux-mêmes, sur ses dires, ont commencé à en parler à leurs propres collaborateurs, surtout s'ils ont le sentiment d'être arrivés à arracher une décision qu'ils attendaient depuis longtemps. Par peur du conflit ou pour temporiser, l'amnésique fait allusion à une ouverture possible, et le piège se referme. Ou bien, pris de panique, ou se croyant un fin machiavel, il nie tout en bloc. De toute façon, il n'y a pas de trace, le dossier est : non coupable ! Qu'il se trompe, juridiquement il pourrait s'en tirer, mais psychologiquement, les dégâts sont faits. Cette attitude rend en général furieuses les personnes qui voient leurs espoirs déçus : « Cela ne se passera pas comme ça, il va voir »… Les conflits sont en route. Il n'a rien arrangé du tout.

Diagnostic

C'est quand il manque de confiance en son pouvoir d'influence qu'un responsable agit ainsi. Ses collaborateurs sont dans le même cas, et sont aussi inquiets que leur responsable. Il y a un climat d'incertitude et d'insécurité. À l'origine de cette attitude défensive de persécuteur, il y a la peur de se contredire, le souci excessif d'être cohérent et rationnel. Un responsable ne doit pas changer d'avis. Il doit être sans faille, parfait, et ne jamais se tromper ! En même temps, il se croit malin et a une croyance excessive dans quelques vieilles ficelles qu'il a déjà dû utiliser autrefois et qui marchent parfois, mais moins qu'il ne croit. « Cache et mens, quand tu es ennuyé… ».

Il est vrai que de telles attitudes existent et, dans un premier temps et à court terme, permettent de parer au plus pressé. Il est vrai aussi que les amnésiques savent que beaucoup de personnes autour d'elles sont elles aussi amnésiques. Ils oublient que ce qui est souvent vrai en politique l'est beaucoup plus rarement dans le travail, où la relation s'établit dans la durée. Cette peur du responsable qui se veut sans faille est celle aussi des personnes qui l'entourent, elles se sont trop vite engagées sur une conversation informelle et se trouvent aussi piégées. La chaîne se renforce et c'est le « sauve-qui-peut ». Méconnaissant la variété des solutions possibles, elles s'enferment dans une seule issue et s'y accrochent, sans avoir le courage et l'astuce de remettre en cause leur décision.

Comment s'en sortir ?

Si vous êtes amnésique

– Sortir de l'illusion qu'il est possible de faire croire n'importe quoi aux gens : tôt ou tard, ils s'en aperçoivent.
– Admettre pour soi-même qu'on a droit à l'erreur, qu'on peut changer d'avis sans perdre la face.
– Fuir le problème par un tour de passe-passe ne mène à rien, c'est reculer pour mieux sauter.
– Oser faire face à tous les éléments du problème plutôt que se précipiter dans la solution stéréotypée classique « Je n'ai jamais dit ça ».
– Prendre chaque élément de la situation (craintes, revendications, l'énoncé un peu inconsidéré d'une politique, etc.) et chercher des solutions.
– Traiter les effets néfastes de ce changement et prévoir les effets classiques de groupe.
– Plutôt que de jouer la supériorité avec ses collaborateurs, admettre devant eux ses forces et ses faiblesses et travailler à trouver la solution, en mettant en commun ses idées.

Si vous êtes en face d'un amnésique

– Ne pas espérer que l'autre va résoudre tout seul tout le problème, « c'est sa faute, je n'y suis pour rien. »
– Refuser de se mettre en position, soit d'agressivité, soit de passivité, mais se mettre en position de recherche active de solution avec lui.
– Lui indiquer tout de suite tous les éléments du problème, en expliquant bien les rapports de force, les peurs justifiées.
– Admettre qu'on peut changer d'avis et lui reconnaître ce droit en lui laissant une porte de sortie.
– Ne pas marcher dans sa combine douteuse de « jouer sur les mots », le courage de refuser est payant plus tard, s'il est difficile sur le moment.
– Pour tous, réfléchir aux dégâts qui vont découler d'une position fermée de chacun : je continue de nier la réalité, je ne suis pas concerné, « il a fait la bêtise, à lui de se débrouiller ».
– Développer l'attitude la plus pratique pour éviter ces dégâts, peu importe s'il y a eu déclaration ou pas, maintenant que beaucoup le

croient, « qu'est-ce que l'on fait pour éviter les ennuis… en s'y mettant tous… »

4.2 Trop poli

C'est le type de personne qui vous empêche toute riposte tellement elle est courtoise et polie. On n'ose pas attaquer et agresser une personne si aimable. Elle s'excuse, elle vous envoie du « cher ami » et du « cher collègue » de façon inquiétante. Elle n'hésite pas à dire que vous êtes remarquable et que la mission qu'elle vous confie est d'une importance primordiale pour la société. C'est pourquoi, d'ailleurs, elle va se permettre d'être si exigeante sur la qualité du travail. Bien sûr, les contrôles précis, sinon tatillons, se multiplient en réalité. Certes, elle s'excuse de « vous ennuyer avec ça, mais, vous comprenez… »… Bien sûr, il est difficile d'aller contre ce qu'elle demande, mais on a du mal à l'affronter.

Peu après, on commence à se dire que c'est peut-être pour ça qu'elle agit ainsi. Elle, elle pense qu'elle fait tout ce qu'elle peut pour que tout se passe bien. Elle veut mettre les formes pour critiquer avec habileté et gentillesse et ainsi « mieux faire passer la pilule ». « Il faut faire des relations humaines » affirme-t-elle. « On prend plus facilement des mouches avec du miel qu'avec du vinaigre » répète-t-elle souvent. Justement, ceux qui travaillent avec elle ont le sentiment désagréable qu'elle veut les « prendre », les amener à sa botte, comme un bon autocrate classique, mais en y mettant des formes. « Quelle est la différence finalement? » commencent-ils à penser. « C'est peut-être même pire pour nous, cette façon indirecte de vouloir obtenir que le travail soit fait » se disent-ils entre eux. Ses collègues l'attaquent. Les relations deviennent tendues : le conflit va éclater. Mais que se passe-t-il donc ?

◗ *Diagnostic*

C'est le type d'attitude où une personne dévalorise une autre, avec des phrases si flatteuses ou des mots si doux, que l'interlocuteur est paralysé et ne peut se défendre, contre-attaquer, ou simplement dire son désaccord. En un mot, on lui interdit de réagir, et là est la persécution. Elle emprisonne peut-être dans le doux miel (la mouche…), mais elle emprisonne quand même et, au fond, de façon plus odieuse qu'un simple interdit autocrate banal. Et c'est le piège. Comme ses collègues ne réagissent pas, au début, quelque peu endormis par ses belles paroles, elle croit que son astuce de relations humaines fonctionne… En fait, ses collègues ont ressenti, plus ou moins consciemment, la dévalorisation cachée, et l'interdit sous-jacent. Ils se sentent pris dans le piège du persécuteur (victime) et bientôt, le seul moyen d'en sortir sera bien plus violent que l'expression d'un simple désaccord. Ils sont acculés au conflit ouvert. Les personnes qui ont pris l'habitude d'agir ainsi, trouvent un malin plaisir à engluer dans le miel ceux qui se laissent faire, au moins pour un temps. En fait, c'est de la passivité et la peur d'affronter directement les désaccords qui, finalement, ressortent plus fortement parce qu'elles ont été étouffées. Enrober la réalité dans de belles phrases n'empêche pas la réalité d'exister et de ressortir un jour plus crûment. Si vous avez été victime d'un interlocuteur « trop poli »... ou s'il vous est arrivé de croire être l'as de la communication et des relations humaines en ne recueillant que des ennuis, voici quelques exemples d'actions pour en sortir.

Comment s'en sortir ?

Si vous êtes trop poli

– S'informer sur les méthodes pratiques efficaces de coopération et s'y entraîner.

– Savoir oser informer sur le degré exact des problèmes, en fonction des conséquences réelles, sans farder la réalité qui sera connue, un jour.

– Comprendre qu'il est illusoire de flatter ses collègues pour faire « passer la pilule », cela ne peut marcher qu'un moment.

– Négocier des solutions efficaces en fonction de ce qui est exigé, permettant des conditions de travail acceptables.

– Savoir que la façon « biaisée » de traiter les problèmes vient d'une méfiance excessive et inutile des autres, et finalement, de la peur des conflits avec les autres.

Si vous rencontrez un « trop poli »

– Savoir qu'un persécuteur peut se cacher derrière la gentillesse et les belles paroles.

– Tester la véracité de sa soi-disant bonne volonté.

– Soulever les désaccords clairement et proposer des solutions acceptables pour vous et pour lui.

– Parler avec vos collègues pour mener une action commune, en testant la réalité de votre méfiance, ne pas rester seul face à lui.

– Ne pas voir des persécuteurs-flatteurs derrière toute bonne parole. Il y a des personnes polies et honnêtes...

– Proposer des méthodes et des procédures repérables, par-delà les bonnes paroles.

– Ne pas perdre trop de temps à parler avec lui, se renseigner pour avoir des informations fiables et agir.

– Ne pas l'humilier si vous le prenez la main dans le sac, c'est inutile et dangereux.

5. Les manœuvriers[5]

Nous avons commencé ce chapitre par les dictateurs, persécuteurs les plus visibles. Nous finissons pas les manœuvriers, les persécuteurs invisibles. Pourtant l'un est fort visible. Je l'ai appelé le « dramaturge ». Certes, il extériorise, il dramatise, il se met en colère, « il fait un cinéma » incroyable. Mais cette forte visibilité est faite pour rendre invisibles les conséquences de cette dramaturgie. Le deuxième exemple montre une action « en douceur ». Je l'ai appelée « l'appeau ». Vous savez, cet instrument qu'utilisent les chasseurs pour attirer leur gibier et ainsi, le tuer plus facilement.

Voici donc, dans la galerie des persécuteurs, les deux derniers, ce sont les manœuvriers. Voyons comment ils opèrent pour mieux déjouer leurs manœuvres, étant entendu que celles-ci ne sont pas toujours si conscientes que d'aucuns pourraient le croire. C'est en général plus ambigu et plus complexe.

5.1 Dramaturgie

Cette attitude est le fait de tout le monde du travail : manager et collaborateur, collègues de travail entre eux, etc. C'est une attitude très fréquente. Elle se présentera de façon différente selon le contexte de l'entreprise.

Dans un contexte de grande spontanéité, chacun pourra facilement s'exprimer avec excès en dramatisant le moindre petit problème. S'il s'agit d'une société plus formaliste, le « cinéma » sera plus rare mais éclatera en brèves violences significatives. Cette dramaturgie peut parfois prendre des formes apparemment très réservées et contrôlées. Ce sont parfois les dramaturgies les plus agressives : quelques phrases cinglantes, dites sur un ton monocorde avec calcul et sang-froid, peuvent être plus persécutrices qu'un comportement de colère très extraverti. C'est le type de conflit où l'on s'attaque avec colère, froide ou chaude, mais le conflit n'est pas là où l'on croit, c'est un prétexte pour jouer un autre jeu. Le nouveau manager va dramatiser une erreur d'un collaborateur pour affirmer son pouvoir. Le collaborateur va exagérer une information alarmante pour montrer l'importance de son poste. Telle personne va manifester une colère disproportionnée dès qu'un collègue va le déranger dans ses habitudes ou prendre une initiative qui lui déplaît. Et chacun de monter en épingle les incidents de la vie de tous les jours pour y trouver son compte. L'esprit d'équipe, tout le monde est d'accord, sauf si des intérêts propres sont en jeu et il est parfois fort inutile de créer un drame avec un autre pour montrer qu'il y a un conflit et que, décidément, c'est impossible de travailler avec lui. Tout ceci, conscient ou inconscient !

5. D. Chalvin, *Du bon usage de la manipulation*, ESF.

Diagnostic

Cette attitude peut être aussi bien le fait d'un manager que de n'importe lequel de ses collaborateurs. La dramaturgie peut avoir plusieurs causes. C'est l'art de dramatiser un problème pour faire peur et terroriser l'autre et ainsi cacher ses faiblesses, espérant accroître son pouvoir. C'est parfois le fruit d'une longue frustration, d'un effort prolongé pour ne pas manifester son énervement face à un désagrément ou un mauvais fonctionnement de service. Il suffit, un jour, d'un incident mineur et tout éclate, moyen maladroit pour dire son mécontentement, mais en persécutant de façon inappropriée, ou bien, c'est une habitude. Tout le monde sait que cette personne a « mauvais caractère », qu'elle se met en colère à tort et à travers. Il est utile de savoir que c'est la façon d'exprimer un autre sentiment qu'il n'est pas tellement permis de manifester : par exemple la peur que cet incident ait des conséquences graves ou la tristesse de constater une erreur.

Comment s'en sortir ?

C'est nous qui dramatisons

– Analyser quelles faiblesses nous voulons cacher et réfléchir aux moyens plus efficaces à mettre en œuvre pour compenser ces faiblesses, accroître son pouvoir et son influence : un bon contact, des résultats, une bonne organisation, etc.

– Faire attention à ne pas trop refouler ces mécontentements pour éviter de dramatiser de façon inappropriée : se dire : j'ai droit à une colère mesurée, compréhensible si elle est adaptée à l'ennui subi.

– Si on se considère comme un colérique qui dramatise tout, analyser les autres sentiments qui n'ont pas le droit de s'exprimer, comme la peur (organiser le travail avec davantage de sécurité, de précisions) ou la tristesse (aller chercher du soutien, au travail ou dans sa vie privée).

C'est un de nos collaborateurs

– C'est la même analyse à faire, en voyant comment combler ses faiblesses, en lui donnant l'occasion de s'exprimer plus souvent (admettre les petites colères), en répondant aux « vrais » sentiments cachés derrière la colère : donner de la sécurité s'il y a peur (plus de clarté sur les fonctions, les objectifs...), du soutien s'il y a tristesse (écouter, comprendre).

– Éviter de répondre au drame par le drame, c'est le cercle infernal inefficace.

5.2 L'appeau

Il faut reconnaître que l'appeau est un instrument très efficace, mais aussi très méchant : c'est une sorte de sifflet qui reproduit, par exemple, le cri de la cane appelant son canard. Ce dernier, entendant sa cane l'appeler, s'envole tout heureux vers elle, et se découvre ainsi au chasseur qui n'a plus qu'à le tirer. Nous parlons là de tous les conflits qui sont la conséquence des jeux de coquetterie et de séduction. Nous ne parlons pas des jeux existant entre hommes et femmes, mais de leurs équivalents dans la vie professionnelle. Entre collègues, c'est le plaisir d'exciter la curiosité de son interlocuteur (le teasing comme on dit en marketing). Le contact commence en général par ces mots : « Es-tu au courant... ? » Bien sûr, l'autre répond : « Non... que se passe-t-il ?.... » Alors l'appeau a fonctionné, il suffit de poursuivre par une phrase du genre : « une réforme se prépare dans le service et je crois que tu es concerné... mais, tu comprendras que je ne peux pas t'en dire plus, car on m'a demandé de garder le secret... » Et voilà, quelques coups d'appeau et l'affaire est enclenchée.

Les rumeurs vont bon train, mais comme en fait la personne qui a enclenché le début de l'affaire est incapable de donner des informations précises et prouvées, elle commence à se mettre mal avec tous ses collègues qui lui en veulent et les conflits s'enclenchent. « Il sait, mais fait exprès de ne rien dire... » Les autres sont énervés et lui en veulent : « Tu en dis trop ou pas assez... Ce n'est pas sérieux... Tu te moques de nous... » L'escalade conflictuelle est en marche. Quand cette personne aura une véritable information à donner ou à recevoir, elle sera rejetée. Voilà un bon moyen de se faire rejeter. Quand Don Juan devient réellement amoureux, il est rejeté. Don Juan finit seul.

Si vous êtes manager, évitez de pratiquer l'appeau. C'est tentant, car c'est un moyen facile de motiver et de faire accepter un travail. « Je vous confie ce travail, il est important et sa réalisation aura des répercussions heureuses, pour vous, vous vous en doutez... je ne vous en dis pas plus pour le moment, mais vous me comprenez... » Le collaborateur se met à rêver à espérer des primes, des promotions, que sais-je ? Bien sûr, formellement, le manager pourra toujours se défendre qu'il ne s'est pas engagé, comme la coquette n'a jamais promis de se donner ! Il est dangereux de faire rêver, de susciter l'espérance sans la combler. Les conséquences sont fatalement négatives. Cette attitude provoque haine et rancœur. Même si ce n'était pas voulu, le sentiment de manipulation existe, avec les suites qui n'ont pas fini d'envenimer les relations.

Diagnostic

C'est le plaisir d'exciter la curiosité sans voir les conséquences dangereuses de cette attitude. Le chasseur utilise l'appeau, mais, dans la vie professionnelle, c'est le chasseur qui finit par être chassé. Il se donne l'illusion d'avoir plus de pouvoir que les autres en faisant croire qu'il a plus d'informations que les autres. Les gens de cette sorte ont envie de puissance et ne peuvent exercer leur pouvoir que s'ils trouvent en face d'eux des gens assez avides d'histoires secrètes et inconnues des autres. Là est le cercle vicieux et l'enchaînement fatal : chacun croit augmenter sa puissance par ce jeu de rumeurs (ce qui est aléatoire), sans se rendre compte des conséquences catastrophiques de ces comportements (ce qui est, en revanche, tout à fait sûr). C'est cela la triste histoire du chasseur chassé.

Il en est de même du manager qui fait croire monts et merveilles à ses collaborateurs pour faire passer la pilule d'un homme au travail. Il a peur de dire la vérité sur les conséquences du travail. Il croit que les gens sont naïfs et oublient, ou bien qu'ils n'auront pas le pouvoir de se venger. Il se méprend sur la puissance de sa méthode. Il vise à court terme. Il peut aussi être honnête, mais inconscient. Il ne vérifie pas suffisamment qu'il pourra tenir ses promesses. Il fait trop confiance aux autres, si sa promesse ne dépend pas que de lui.

Pour ceux qui utilisent l'appeau « information »

– Se méfier du succès rencontré au début et de la griserie d'apparaître « bien informé » en étant « tout-puissant »...

– Ne pas oublier que les gens vont finir par s'en rendre compte et réclamer des informations complètes.

– Bien voir le climat pourri, conséquence de cette provocation plus ou moins consciente de la rumeur et de ses dangers.

– Opter pour l'information utile et claire, en refusant les « joies » et la « griserie » d'apparaître celui qui sait.

– Trouver des remplacements à ces « griseries ».

Pour ceux qui subissent l'appeau

– Ne pas se laisser prendre à « l'appeau » : celui qui dévoile un début d'information ne connaît pas forcément la suite.

– Ne pas l'accabler ensuite ; il ne fallait pas écouter le chant de la sirène !...

– Dire : « C'est trop ou pas assez... » « Les ragots ne m'intéressent pas... » « Que dites-vous exactement... ? »

– Ne pas encourager les informateurs « appeau » en étant lucide sur les conséquences désastreuses de leurs attitudes.

– Interrompre et demander fermement une clarification immédiate... Exprimer publiquement son désaccord sur les bruits de couloir en général.

– En cas de bruits de couloir fréquents et importants, demander un changement du système d'information.

Pour un manager

– Ne pas pratiquer vous-même l'appeau information.
– Ne pas laisser pratiquer l'appeau dans votre service.
– Mettre un système d'information qui rend inutile et inopérant l'appeau.
– Si l'appeau-promesse non tenue est votre méthode de management :
- réfléchir aux conséquences désastreuses d'une promesse non tenue,
- penser à vérifier les possibilités réelles de tenir votre promesse. Il est prudent d'assurer ses arrières,
- s'informer sur les méthodes de motivation de ses collaborateurs : il en existe de plus efficaces que l'appeau.

6. Pour résumer

Nous sommes tous à la fois des persécuteurs et des persécutés, sujets et objets de conflits. Face à un persécuteur, le réflexe est de se soumettre par peur et de devenir passif ou au contraire de l'agresser pour le dominer en devenant ainsi soi-même un persécuteur. C'est la fausse piste à éviter et à remplacer, cas par cas, par les différentes options qui ont été données. L'autre mauvais réflexe est de traiter le problème comme un problème de morale. Ce peut être le cas, mais souvent la personne agit de façon peu consciente et il ne s'agit pas dans ce cas d'un problème moral, mais psychologique. De toute façon, sauf si vous êtes vous-même le responsable (et encore), faire la morale a rarement une grande efficacité. Il est préférable de bien diagnostiquer les ressorts qui font agir la personne et d'agir en conséquence. Par exemple, si elle a peur, voir comment diminuer cette peur qui la rend persécutrice. Une fois rassurée, elle a des chances de l'être moins souvent. Si vous ne savez pas quelles actions mener, relisez les diagnostics, ils vous aideront.

Si vous vous apercevez que vous êtes persécuteur (prêtez l'oreille si quelqu'un vous le dit un jour, plutôt que de chercher à vous en défendre pour vous rassurer…), sachez que le piège primordial est le sentiment que l'on arrive plus vite à ses fins en étant persécuteur. C'est parfois vrai, mais la plupart du temps à très court terme. Dans le travail, on reste de nombreux jours ensemble et, en général, pour une durée importante. Il faut donc tenir sur la durée. Réalisez toutes les conséquences désastreuses que provoquent les persécuteurs. Cela vous aidera à ne pas vous laisser tenter. Souvenez-vous aussi des effets très désagréables que vous ont faits les derniers persécuteurs dont vous avez été la victime. Voulez-vous leur ressembler ?

4

CHAPITRE

Les dangers cachés des sauveurs

Autant les attitudes de persécuteur que nous venons de décrire apparaissent clairement porteuses de tensions et de conflits, autant les attitudes de sauveur semblent plutôt porteuses de gentillesse et d'harmonie. Ce qui est vrai quand l'aide apportée est utile et efficace. Mais cela l'est moins, et parfois plus du tout, quand l'aide ne donne pas de résultats clairs et ne permet pas de bien travailler ensemble : on aurait été plus efficace s'il n'y avait pas eu d'aide. C'est le moyen simple de voir la différence entre l'attitude négative et l'attitude positive du sauveur. C'est pourquoi ce chapitre s'intitule : « Les dangers cachés des sauveurs ». Les détecter (ou découvrir que vous l'êtes parfois) reste le plus sûr moyen de diminuer leur pouvoir de nuisance. En effet, dès que l'on s'en aperçoit, on ne rentre pas dans leur démarche et on peut alors voir plus clairement ce qu'il convient de faire pour bien travailler, sans suivre leurs belles recommandations.

C'est là le piège des sauveurs. Leur attitude apparaît plutôt sympathique et bienvenue, sinon prometteuse. Les dangers sont cachés, car, surtout au début, un sauveur inefficace peut avoir des comportements proches d'un sauveur efficace. C'est pourquoi il est indispensable de connaître toutes les variétés de cette attitude de sauveur et toutes les subtilités qui amènent à l'inefficacité. On aura ainsi les *optimistes*, qu'ils soient enthousiastes (« ça ira, ça ira… »), ou magnifiquement pacifistes (les colombes) qui mettent, au début, une ambiance tonique au milieu peureux et rabat-joie habituel. Les *illusionnistes* vous font croire même l'invraisemblable : on est « tous dans le même bateau » et même, pourquoi pas, tant que l'illusion demeure, soyez sûr que « je vous défendrai toujours ». Encore mieux, les *magiciens* qui, d'un coup de baguette, savent « ce qui est bon pour vous » et, si on ne fait pas attention, on y croit, surtout qu'il est rare qu'ils se trompent complètement, d'autant qu'ils ont en général des solutions toutes faites qui rassurent tout le monde : « Il n'y a qu'à, il faut... ». Et comment résister aux *serviables* qui sont si gentils et dévoués, se mettant en quatre pour vous, « au four et au moulin » ; mais attention, si vous voulez être celui qui, quoi qu'il arrive, veut toujours tout arranger, sachez que le miracle ne marche pas toujours et que l'on connaît plus d'un « arrangeur arrosé ». Enfin, il reste les *interventionnistes* auxquels il est difficile d'échapper, car ils sont actifs et savent prendre le beau rôle, soit d'arbitre, soit de pompier valeureux qui éteint tous les ennuis, un seul détail à vérifier : arbitre-t-il vraiment ? n'est-il pas aussi pyromane que pompier ?

Voilà quelques exemples typiques de sauveurs (il y en a beaucoup d'autres que vous connaissez), que nous allons décrire en détail pour vous aider à mieux vous en protéger[1].

1. Les optimistes

Et pourtant ils sont si sympathiques et dynamiques. Si on les écoutait, tout serait pour le mieux dans le meilleur des mondes. Ce sont des optimistes sans faille. Pour eux, demain sera mieux qu'aujourd'hui, il suffit de le vouloir. « Vouloir, c'est pouvoir » telle est leur devise. Ce sont des volontaristes. Certes, ils ont souvent raison et leur dynamisme permet de faire des miracles et d'entraîner derrière eux les pessimistes qui vous annoncent toujours à l'avance que « ça ne marchera jamais ». Le seul problème, le seul danger pour les optimistes, est leur irréalisme à certaines occasions. Et là commencent les ennuis et les conflits.

C'est notre premier exemple, « Ça ira, ça ira... » quoi qu'il arrive et quel que soit le contexte. C'était pourtant bien sympathique, mais cela l'est beaucoup moins quand chacun constate les résultats qui ne sont pas aussi magnifiques que ceux annoncés.

Le deuxième exemple concerne ceux qui mélangent bonnes relations humaines et efficacité. En effet, le lien de cause à effet n'est pas toujours vrai. Le conflit peut être utile, nécessaire, sinon indispensable. Les bonnes relations humaines à tout prix peuvent être catastrophiques et sources de nombreux conflits. Nous les avons appelés « les colombes ». Voyons comment de si bonnes intentions peuvent, dans certains cas, donner de si mauvais résultats.

1. Une vidéo conçue par l'auteur présente ces exemples, réalisée et éditée par IPLF, 19, avenue de la Marne, 92120 Montrouge.

1.1 Ça ira, ça ira

C'est une attitude qui est très bien vue dans certaines entreprises dynamiques.

> Celui qui annonce les difficultés prévisibles d'un projet est tout de suite considéré comme un rabat-joie, un Cassandre de mauvais augure. C'est tout juste s'il n'est pas considéré comme la cause des ennuis qui arrivent. C'est un empêcheur de tourner en rond. Dans une telle ambiance, développée par le manager volontariste, plus personne n'ose avancer la moindre réflexion sur les projets proposés, de peur de se faire mal percevoir, voire d'être jugé pessimiste et peureux. L'intoxication volontariste est dangereuse, un projet, déjà risqué et délicat, devient ainsi un projet qui a toutes les chances de mal finir, car il a été interdit de prévoir toutes les difficultés humaines et économiques que comporte en général tout projet. Mais les managers ne sont pas les seuls à être optimistes. Leurs collaborateurs savent très bien pratiquer le « ça ira, ça ira... ». Ils ont eux aussi des projets qu'ils veulent faire passer et pour cela les présentent sous leurs meilleurs aspects à leur patron. C'est très tentant pour un manager. Pour une fois qu'un collaborateur se montre volontaire pour un projet difficile, il apparaît étonnant de le décourager. Après tout, il a peut-être raison. Il est difficile de savoir qui a raison, de l'optimiste excessif ou du pessimiste battu d'avance.
>
> Là est le piège. Surtout si ce manager est lui-même très anxieux et a peur, il aura tendance à se laisser vite convaincre par ce collaborateur prétendu dynamique et qui, finalement, ne veut que briller aux yeux de son patron. Si le projet ne marche pas, il trouvera toujours de bonnes raisons pour affirmer qu'il n'y est pour rien : budget trop étroit, manque de personnel « Comme d'habitude, ici, on n'a pas les moyens de ses ambitions... » et de monter ensuite son équipe contre le responsable : ambiance tendue, chacun se renvoyant la responsabilité de l'échec. Le climat se dégrade et il sera bien difficile de proposer d'autres projets pourtant, eux, parfaitement réalisables. Et chacun de se demander : « Mais comment on en est arrivé là, alors que tout semblait magnifique ? »

Diagnostic

« Ça ira, ça ira... » raconte les malheurs des optimistes impénitents et montre comment un volontarisme excessif peut simplement cacher le désir. Le problème vient essentiellement d'une mauvaise analyse des pouvoirs d'influence dont ils disposent pour réussir ou même, ce qui est le plus fréquent, d'une absence d'analyse de son pouvoir réel. Ils prennent leurs désirs pour des réalités et ne voient pas l'ambiance d'insécurité qu'ils créent en se lançant dans des opérations risquées. Les volontaristes se renforcent entre eux dans leur méconnaissance de la réalité et se mettent en dépendance réciproque pour se rassurer. Ils se mettent à croire tout ce qu'ils promettent. Ils éprouvent le besoin de ne jamais échouer, de tout réussir, d'être dynamiques, d'être parfaits et de maîtriser toutes les situations, sinon, pour eux c'est une catastrophe psychologique. Ils ne supportent pas qu'un projet ne puisse pas être réalisé. Leur esprit perfectionniste les rend irréalistes.

C'est très important pour eux d'être mieux que les autres : *ce sont les meilleurs.* Ce qui d'ailleurs est souvent vrai dans de nombreux cas. Ils ont alors la réputation d'être de ceux qui réalisent l'impossible, ce qui leur a permis de belles réussites. Ils se mettent à croire à leur étoile et développent une croyance dangereuse « Rien n'est impossible pour moi... je peux forcer le destin... » : cette croyance est souvent renforcée par certains conditionnements culturels. Ne dit-on pas, en France, « à cœur vaillant, rien d'impossible »... « Impossible n'est pas français! »...« Qui veut... peut... »

Comment s'en sortir ?

– Prendre conscience de son pouvoir réel d'influence sur la situation et des pouvoirs de réalisation des personnes impliquées dans le projet.
– En conséquence, bien prévoir tous les changements que tout projet amène pour le personnel.
– Mener des actions psychologiques qui aident à l'acceptation du changement.
– Savoir reporter un projet techniquement faisable mais humainement irréaliste, pour mieux le préparer et le faire accepter.
– Savoir que la peur des critiques et le désir d'être parfait, amène à méconnaître la réalité et à fuir les problèmes réels.
– Veiller à son optimisme excessif, en ne mélangeant pas « faire preuve de bonne volonté et prendre ses désirs pour des réalités... »
– Bien peser les possibilités de réalisation avant d'accepter une mission...
– Oser dire non et savoir le faire : entraîner aux méthodes qui le permettent facilement (l'affirmation de soi).
– Diminuer son anxiété en préparant soigneusement les projets (répondre à son besoin de sécurité).
– Savoir qu'un certain volontarisme cache une mentalité infantile (prendre ses désirs pour des réalités).
– Accepter les critiques de ses projets, sans traiter sur les plans de mise en place des projets.
– Récompenser ceux qui réalisent et non pas ceux qui ont de beaux projets bien présentés.

1.2 Les colombes

Ce sont les partisans de bonnes relations humaines dans l'entreprise. Qui pourrait être contre ce bon sentiment? Ce sont les ennemis des persécuteurs. Et pourtant, leur attitude excessive renforce le clan des persécuteurs qui les citent souvent pour justifier leur attitude agressive. Là est le danger des colombes.

> En ayant tellement peur des conflits, ils les encouragent et les justifient. Comment? Ils mélangent « bonne entente et relations humaines efficaces » et pensent que l'harmonie permet automatiquement de bons résultats. Pire, ils privilégient la bonne entente au détriment de l'efficacité. Voyant les mauvais résultats, les partisans du conflit ont beau jeu de dénoncer les méthodes de management qui prônent la participation et l'esprit d'équipe. Les « colombes » sont alors traités de démagogues qui, après un moment d'harmonie, suscitent des tensions, désaccords et conflits quand les mauvais résultats arrivent. Les pacifistes empêchent l'expression de tous désaccords, de toutes critiques au nom de la bonne entente qui doit être la règle. Tout contestataire dans le groupe est comme un traître.
>
> La colombe reçoit toutes remises en cause comme un acte d'hostilité à son égard. « Je vois bien que vous ne m'aimez pas ! » semble-t-il penser.

Bien sûr, cette méthode mène à des décisions et des actions mal préparées où les difficultés n'ont pas pu être prévues correctement. Alors, les désaccords et les critiques ressortent plus fortement et finalement les mésententes sont plus importantes que si les colombes ne les avaient pas interdites.

Bien sûr les dévalorisateurs ont beau jeu de critiquer ce souci excessif de l'entente. Ainsi, colombes et dévalorisateurs se renforcent.

Diagnostic

Les colombes ont tendance à occulter la réalité des rapports de force. Ils oublient que toute relation humaine est d'abord relation de pouvoir, donc de tensions nécessaires et utiles. Ils cherchent un climat de sécurité excessive au détriment de la liberté d'expression. Ils sont trop susceptibles. Ils ont trop peur de faire de la peine et sont trop gentils. Ils se sentent trop facilement coupables et veulent être pardonnés. Ils cachent un fort sentiment d'infériorité. Ils sont anxieux de leur valeur, c'est pourquoi ils ont besoin d'être appréciés et aimés plus que la plupart des autres pour se rassurer sur leur valeur personnelle. Leur croyance excessive en l'efficacité de la bonne entente vient davantage de leur peur du conflit et du désaccord que de constatations concrètes de cette efficacité en toutes circonstances. Bien sûr, l'efficacité bien connue de l'esprit d'équipe est souvent citée par eux, et ils ont raison. Mais ils ont tort quand ils prétendent que l'esprit d'équipe veut dire bonne entente, sans désaccord, ni conflit.

Là, c'est davantage leurs problèmes psychologiques personnels qui les influencent que les constatations des résultats concrets. Ils veulent faire plaisir à tout le monde pour qu'en retour, tout le monde soit aussi gentil avec eux, et ne les contrarie pas, ce qui, bien sûr, ne peut pas exister dans la réalité du travail, surtout au moment où les mauvais résultats arrivent parce que les actions ont été mal préparées par absence de critiques utiles. Finalement, pour eux, bien s'entendre, c'est se cacher les difficultés. Mais, avec cette méthode, elles ressortent toujours un jour ou l'autre et elles sont devenues plus graves et plus difficiles à traiter.

Comment s'en sortir ?

– Savoir qu'il est possible d'exprimer des avis et des critiques pour accroître l'efficacité, et développer en même temps un bon climat de travail.

– Comprendre que les bonnes relations humaines ne sont pas forcément des relations efficaces.

– Prendre conscience d'une culpabilité excessive qui vient de sa personnalité et non pas des autres.

– Proposer des méthodes de critiques constructives, en réalisant l'impasse dangereuse où mène l'absence de critique.

– Changer son message : « Sois parfait », en message positif : « Sois réaliste ; tu as droit à des erreurs. »

– Analyser les conséquences douloureuses à moyen terme de relations agréables à court terme.

– Apprendre à recevoir des critiques avec efficacité.

– Ne pas tomber d'un excès de pacifisme dans l'attaque méchante sous prétexte que la gentillesse n'a rien donné. Ce n'est pas parce que le pacifisme est dangereux que toutes les actions guerrières sont légitimes et efficaces.

– Mettre au point des méthodes de critiques du groupe qui tiennent compte de la sensibilité de chacun.

– Ne pas oublier qu'une critique en privé passe mieux qu'en groupe…

– Empêcher les attaques sauvages qui peuvent justifier le pacifisme.

– Ne pas espérer qu'un groupe soit capable de tout régler, de tout se dire, de tout traiter : après l'utopie pacifiste, ce sera l'utopie « groupiste ».

2. Les illusionnistes

Eux aussi, ils apparaissent tellement gentils et leur souci de développer un bon esprit d'équipe et un égalitarisme sans faille ne peut que provoquer l'enthousiasme. C'est le danger de ce type de sauveur. Si c'était vrai, ce serait très bien. Mais ce n'est qu'illusion et irréalisme, au moins, pour une bonne part, comme nous le verrons.

Le premier exemple est intitulé « Tous dans le même bateau… » selon une expression bien connue et souvent répétée dans les discours.

Le deuxième exemple est intitulé « Je vous défendrai toujours », ce qui ne peut que réjouir les collaborateurs d'un tel patron, ou tous les collègues avec qui on mène des travaux communs, au moins pendant un moment, jusqu'au jour où la réalité est plus difficile : l'impunité est-elle bonne conseillère ? Le point commun de tous ces illusionnistes pleins de bonne volonté est leur irréalisme. Il peut être plus dangereux que la mauvaise volonté et le cynisme de certains persécuteurs car il s'accompagne de l'impunité, habillée d'une attitude positive de sauveur.

2.1 Tous dans le même bateau

Cette expression a une grande part de vérité ; en effet, les résultats du travail sont toujours le fruit du travail de tous les gens concernés. La réussite des uns est liée à la réussite des autres et il suffit d'un élément inefficace dans une équipe pour que tous les autres en ressentent les effets négatifs. On sait aussi que l'arrivée d'un nouveau peut changer complètement l'ambiance de travail. Mais ce n'est pas pour autant qu'il est raisonnable d'affirmer que tout le monde est dans le même bateau. Les mauvais esprits vous feront tout de suite remarquer que, s'il est vrai que tout le monde est dans le même bateau, certains sont sur le pont des 1re classes et d'autres dans la cale. Ce qui est la réalité. Il est dangereux de parler d'une solidarité, non fondée sur la réalité, mais sur les bons sentiments et les bonnes intentions. Les intérêts différents, sinon opposés ne résistent pas aux bonnes intentions. Il faut des actions plus réalistes qui créent des solidarités effectives.

Chacun connaît les belles phrases sur l'esprit d'équipe et la grande famille qui sont contredites, par exemple, par un système de prime qui encourage la compétition entre les personnes et récompense celui qui a mené son propre jeu personnel. Le manager qui fait croire que tout va s'arranger en faisant simplement la morale, ferait mieux de se taire ou de changer le système de prime.

> On trouve aussi ce genre de problème entre le siège et le terrain : le personnel du siège a pour consigne d'être très aimable et coopératif avec le terrain pour éviter les heurts habituels. Si cette attitude est accompagnée de coopération réelle où le terrain peut faire passer ses suggestions, imposer son point de vue à certains moments, ces bonnes relations humaines ne seront pas une illusion.
>
> Autrement, si à chaque fois qu'une divergence d'intérêt apparaît le siège a évidemment raison, comme c'est souvent le cas, les plus belles manifestations de gentillesse apparaîtront vite comme hypocrisie et poudre aux yeux. Et les conflits apparaissent de plus belle. La guerre classique entre le siège et le terrain va se poursuivre et les déclarations aimables

> seront remplacées par des notes et des discussions agressives. Il sera même plus difficile de créer la coopération indispensable, parce que le terrain a le sentiment désagréable d'être manipulé, même si la personne du siège est sincère.

Il en est de même du manager et ses collaborateurs ou des collègues entre eux : des intentions annoncées, non accompagnées d'actes est pire que tout. « Tous dans le même bateau » a des conséquences plus négatives qu'il n'y paraît.

Diagnostic

Les protagonistes de ce type de conflit ont mal compris et mal analysé le rapport de force concret. Le manager ou le terrain ont des illusions sur le pouvoir réel de faire accepter leurs vœux ou de faire avaler à leurs interlocuteurs des actions allant contre leurs intérêts avec de belles paroles. Ont-ils bien pesé la liberté réelle de choix qui était dévolue à chacun ? Existe-t-il vraiment une sécurité suffisante pour que chacun se sente solidaire sans peur de se faire avoir ? En fait, chacun n'a pas les moyens de ses bonnes intentions et oublie la nécessité normale de défendre ses intérêts pour assurer la qualité du travail. Très vite, les protagonistes quittent l'illusion de la bonne entente pour l'autre illusion aussi inopérante que seules les attitudes absolues sont valables : les gens sont gentils ou méchants; il convient de faire confiance totalement ou de se méfier totalement. Chacun a un conditionnement culturel lié à la morale. En effet, en morale, c'est l'intention qui détruit la responsabilité. Si je ne l'ai pas fait exprès et en toute connaissance de cause, je ne suis pas coupable. C'est une des sources de ce type de conflit. La croyance excessive en l'efficacité des bonnes intentions. Il est utile d'avoir de bons sentiments, mais il est indispensable qu'ils soient applicables et appliqués. Un manager qui emploie des phrases comme « nous sommes tous dans le même bateau » en restant flou sur les solidarités exactes est bien moralement, mais inefficace pour le travail. Il est utile aussi qu'il se souvienne que « l'enfer est pavé de bonnes intentions ». Le ressort psychologique qui le fait agir ainsi est la peur de la réalité qui est faite de luttes d'intérêts contradictoires. Il a besoin de se rassurer en se cachant la réalité. Il vaut mieux qu'il laisse venir sa peur, car la crainte peut être le commencement de la sagesse. Il a trop peur de sa peur.

Comment s'en sortir ?

– Trouver les actions où la solidarité est possible; pour le reste, décider ou mettre des systèmes de décision, des normes connues à l'avance.

– Trouver les moyens pratiques pour mettre en place l'esprit d'équipe : organisation du travail, objectifs communs, formation, rencontre…

– Prendre conscience de son pouvoir réel et le dire aux autres pour enlever toutes illusions à ce sujet. Pourquoi le cacher ? Chacun s'en aperçoit forcément.
– Réaliser que son souci de plaire à tout le monde et de ne pas avoir de conflit est inefficace et dangereux.
– Savoir que la solidarité n'est pas qu'une affaire de bonnes intentions mais aussi de liens concrets matériels (argent, intérêts, etc.).
– S'attaquer aux vrais problèmes en partant des contraintes réelles : on n'est pas seul, on n'a pas tout pouvoir…
– Apprendre à négocier concrètement, plutôt que cacher la réalité puis se défendre.
– Prendre conscience de sa naïveté : la tendance excessive à faire d'abord confiance puis à devenir trop méfiant et agressif.
– Sortir de sa croyance les gens sont tous gentils ou méchants : en général, chacun l'est à moitié, selon les circonstances.
– S'attaquer aux vrais problèmes acceptables, élaborer stratégie et tactiques en conséquences.
– Apprendre à négocier et à diagnostiquer les rapports de force réels.

2.2 Je vous défendrai toujours

Comme chacun aimerait souvent entendre cette phrase, aussi bien de son patron que de son collaborateur ou de son collègue de travail. Chacun a le souvenir de personnes qui les ont lâchement laissé tomber et les souvenirs de tristesse ou de colère, selon son tempérament, qui ont suivi, ne peuvent que faire espérer des attitudes différentes du type « je vous défendrai toujours ! » Le premier danger est bien là, on est si désireux de trouver ce genre de compromis (on en rêve) que l'on peut être amené à croire trop naïvement la personne qui vous l'affirme ou à oser le dire soi-même, tellement on souhaite que ce rêve soit une réalité. Le deuxième danger est que cette phrase n'est merveilleuse que si elle est réalisable, surtout dans les moments difficiles où on ne souhaite pas être lâché, ou bien quand on souhaite tenir la promesse que l'on a faite aux autres, tous moments délicats et difficiles. Le troisième danger est précisément que son application est presque impossible, car il peut toujours arriver une situation où il n'est pas possible d'être défendu ou de défendre la personne à qui l'on a promis ce soutien. Et comme on s'est mis dans la situation de vouloir défendre l'indéfendable, on ne le défend pas évidemment.

En même temps, une personne qui se sait être toujours défendue risque plus facilement de mal travailler. En effet, l'impunité provoque le laxisme et même la meilleure personne aura tendance à faire moins attention. Alors que dire des autres ? Ainsi, celui qui a fait cette affirmation crée en même temps une situation où il provoque la faute qui sera difficilement défendable. Il se met en situation de défendre l'indéfendable. Sa position est d'autant plus difficile que ceux qui travaillent bien accepteront difficilement que l'on couvre et pardonne des actions qui gênent l'action du service. Ils entreront aussitôt en conflit, jaloux et mécontents. Il y a de grandes chances qu'ils se mettent eux-mêmes à moins bien travailler, en voyant que, de toute façon, ils seront défendus. Mais comme c'est impossible, et qu'un jour ou l'autre, ils ne seront pas défendus, alors, ils vont en vouloir encore plus à celui qui faisait de si belles déclarations « Je vous défendrai toujours ». Les situations conflictuelles ne peuvent que croître et devenir de plus en plus difficiles à gérer : le sauveur devient persécuteur.

Diagnostic

Mais quels sont les ressorts psychologiques qui peuvent amener quelqu'un à se mettre dans cette mauvaise position ? Comme toujours, il y a une bonne idée dans cette phrase. C'est efficace de montrer que l'on défendra ses collaborateurs contre des injustices ou des actions négatives et, peu à peu, on va être amené à dévier de cette bonne attitude en adoptant un souci excessif de les défendre. Si on a soi-même souffert de responsables qui vous lâchent à la première difficulté, on va vouloir montrer, à tout prix, que nous ne ressemblons pas à ce genre de manager, agissant alors davantage en fonction de ses souvenirs que de la réalité présente. C'est le désir d'être un manager parfait, sans défaut, avec l'illusion que l'on arrivera à maîtriser toutes les situations. L'équilibre entre sévérité persécutrice et laxisme inefficace n'est pas toujours facile à trouver. Tel qui a été brimé par trop de sévérité, a tendance à pencher de façon exagérée de l'autre côté et risque de « défendre l'indéfendable » Cette personne a un point faible dû à son passé. Les sauveurs ont souvent été des victimes...

Le sauveur aime défendre les gens malheureux et les sauver des mauvais pas dans lesquels ils se sont mis, il a trop bon cœur et, partant de cet excellent sentiment, il risque plus facilement que d'autres de déraper vers le laxisme. C'est aussi une façon subtile de se mettre en position de domination et de toute-puissance, ce qui n'est pas désagréable et flatte chacun dans son orgueil personnel. Il peut y avoir également la peur des autres, la méfiance : « Ne leur déplais jamais, autrement ils se vengent ». C'est moins avouable, mais c'est utile de se poser la question pour mieux comprendre comment on peut en arriver à se mettre à défendre l'indéfendable.

Comment s'en sortir ?

– Comprendre que défendre les autres quoi qu'il arrive n'est pas plus efficace que de critiquer systématiquement l'autorité.

– Admettre qu'il existe des situations indéfendables et en tenir compte.
– Réaliser qu'on a trop bon cœur et qu'on cherche trop à faire plaisir, on doit se dire que le conflit peut être utile.
– Ne pas faire trop confiance et s'assurer que ses promesses sont réalistes.
– Savoir d'expérience qu'il ne suffit pas de défendre pour que la situation s'arrange vraiment.
– Ne pas mélanger : il n'y aura pas d'histoires et la solution sera trouvée...
– Diminuer sa peur de déplaire : on a droit à l'erreur.
– Assumer ses responsabilités et ne pas se mettre entre les mains du premier venu, prêt à le défendre.
– Sortir de l'idée qu'on est seul au monde : on fait partie d'un système et on ne peut rien décider seul.
– S'en remettre à la bonne volonté des autres est une attitude difficile et dangereuse.
– Continuer à être courageux en défendant ce qui doit être défendu.
– Savoir ne pas défendre ce qui est indéfendable.
– Analyser à l'avance ce qui est défendable et ce qui ne l'est pas.
– Annoncer à ses interlocuteurs ce que l'on estime défendable et non défendable, en parler avec eux et se mettre d'accord sur des normes.
– Savoir que si on a été victime de lâcheté ou de sévérité excessive, on risque de tomber dans le laxisme inefficace, par réaction.

3. Les magiciens

Ils sont formidables et rassurants. Avec eux, tout a l'air de s'arranger si vite et si facilement. Ils savent, ils sont compétents. Ils vous expliquent tout de suite le pourquoi et le comment des choses et « sortent de leur chapeau » tout ce qu'il faut faire pour s'en sortir. Ils impressionnent et on a vraiment envie de les suivre et de faire ce qu'ils vous recommandent. Tout a l'air si merveilleux avec eux. Il y a des cas où c'est vrai ; ça marche. Mais à d'autres moments, les ennuis commencent, car ce qu'ils préconisent ne marche pas vraiment, les ennuis qu'ils prétendaient arranger, empirent et les conflits se développent de plus belle, malgré les conseils apparemment si efficaces que les magiciens ont prodigués à leurs admirateurs.

Mais le phénomène peut être pris dans l'autre sens. C'est nous qui nous comportons en magicien pour régler les problèmes, les désaccords et les conflits des autres. Nous aimons donner de bons conseils, c'est même notre métier si nous sommes managers, ou fonctionnels, ou consultants. À certains moments, nous avons de bons résultats et nos interlocuteurs sont assez contents de nous. Mais à d'autres occasions, nous avons cru bien faire et nous n'avons rien résolu du tout, ou même pire, nous avons envenimé les choses. Les désaccords et les conflits sont encore plus violents après l'application de nos conseils. Nous avions tendance à nous prendre pour des magiciens tellement cela marchait bien. C'est d'ailleurs peut-être à cause de ce sentiment de magie que nous avons dérapé. Que s'est-il donc passé ? Voici deux cas typiques de magiciens inefficaces, qui créent des conflits et des ennuis au lieu de les résoudre. Le premier exemple est intitulé « Je sais ce qui est bon pour vous... » et même mieux que vous, faites ce que je vous dis et tout ira bien. Le deuxième exemple est intitulé « J'ai la solution », car je suis un expert, une compétence et je sais ce dont je parle. Vous êtes moins compétent que moi, donc vous devez me faire confiance.

3.1 Je sais ce qui est bon pour vous

En un mot, ce n'est pas si simple d'aider les gens. Et, même, de cette volonté d'aider les autres peut naître une source de graves conflits si on ne se préoccupe pas de les questionner sur leurs désirs réels. Ces conflits existent plus souvent quand il y a distance géographique, par exemple le siège et le terrain. Chacun ne comprend pas les besoins de l'autre.

> Le siège a besoin de chiffres précis, à certaines dates fixes, pour sortir les éléments comptables de fin de mois, de trimestre et d'année. Vues de l'usine ou de l'atelier, ces demandes d'informations apparaissent bureaucratiques et inutiles : « de la paperasse », et les conflits s'enveniment par incompréhension des besoins de chacun. On retrouve des problèmes comparables entre les gens de la fabrication et les commerciaux. Les uns ont besoin de conformité et de stabilité dans les produits, pour organiser les lignes de production les plus performantes.
>
> Les commerciaux ont besoin de produits adaptés, le plus « sur mesure » possible, pour répondre aux besoins diversifiés d'une clientèle variée, ce que la production appelle avec colère « les moutons à cinq pattes » qui perturbent l'organisation. Et les conflits production-commercial se multiplient.
>
> Dans le domaine des relations humaines, le manager expérimenté se souvient de ces erreurs de débutant. Croyant bien faire, il va multiplier les contrats, s'informer auprès du personnel, manifester sa bonne volonté. Et les résultats ne sont pas au niveau de ses espérances. Bien au contraire, la tension monte, le personnel est mécontent de ses contrôles permanents, « il ferait mieux de s'occuper à nous trouver le nouveau matériel dont on a besoin et que l'on réclame depuis si longtemps ».
>
> À l'opposé, ce manager reste dans son bureau et veille à ce que tout le monde ait ce qui lui est nécessaire, en allant au siège s'il le faut et ne ménageant pas sa peine pour arranger les ennuis avec un client important. Là, le personnel se plaint de ne jamais le voir : « C'est bien simple, il n'est jamais là quand on a besoin de lui ». Et nos managers de se désespérer : ils ne sont jamais contents, quoi que l'on fasse.

Les bonnes relations, c'est impossible ! Notre sauveur devient victime… et le persécuteur n'est pas loin !

Diagnostic

Impossible, sûrement pas, mais difficile très souvent en tous les cas, des relations parfaites, jamais ! La cause de ces conflits est une absence d'analyse suffisante des besoins réels et pratiques des interlocuteurs. Chacun a tendance à penser que les besoins des autres sont les mêmes que les siens propres. Celui qui aime le contact, pense que le personnel est content de le voir souvent. Ce n'est pas toujours le cas. Selon le caractère, la fonction, la situation actuelle, chacun a ses besoins spécifiques. Négliger l'analyse de ces besoins est la cause des nombreux conflits issus de l'attitude « Je sais ce qui est bon pour vous… »

C'est l'erreur de vouloir aider les gens malgré eux. À l'origine, la personne est tournée vers ses propres besoins plutôt que vers ceux des autres. Elle veut plaire et répondre à son besoin de contact. Croyant aider les autres, inconsciemment, elle veut surtout s'aider elle-même, ce qui est naturel et normal. Mais cette attitude a l'ennui de provoquer des frustrations des personnes qui ne peuvent pas satisfaire leurs besoins et, en conséquence, deviennent agressives. Et, comme chacun a besoin d'harmonie, la personne qui n'a pas su aider efficacement se trouve elle-même frustrée, et devient à son tour agressive. Et voilà comment naissent les conflits malgré la gentillesse et la bonne volonté des sauveurs !

Comment s'en sortir ?

– Se brimer un peu pour moins penser à ses propres besoins et davantage à ceux des autres, permet à chacun de satisfaire ses besoins fondamentaux d'harmonie et d'efficacité.

– Sortir de son rôle de sauveur de situation pour le remplacer par celui de fournisseur d'idées pratiques à choisir selon les situations et les besoins de chacun.

– Plutôt que vouloir être parfait selon ses propres normes, se donner des messages du type : « Sois réaliste et trouve des compromis au mieux des intérêts de chacun ».

– Connaître des méthodes précises d'analyse des besoins et des motivations. Un piège classique : croire qu'il suffit d'enquêter, de demander et d'écouter ce que disent les gens. C'est plus compliqué, hélas…

– Savoir que le personnel peut lui-même ne pas forcément avoir intérêt à livrer ce qu'il souhaite, ou ne sait pas très bien ce qu'il souhaite.

– Développer la recherche attentive des difficultés rencontrées par chacun dans son travail est la méthode la plus efficace pour en déduire les besoins concrets.

– La meilleure façon de savoir si l'on répond bien aux besoins consiste à faire des propositions de changement pratiques et de voir les résistances et les acceptations : un dialogue concret et réaliste s'engage.

– Les résistances au changement ne sont pas automatiquement dues au mauvais esprit et à une attitude conservatrice. Elles peuvent être le fait d'une analyse raisonnable et judicieuse des changements proposés. Elles permettent une analyse assez fiable des besoins.

3.2 Il n'y a qu'à... Il faut

> C'est le manager expérimenté, l'ancien qui sait tout, en a vu d'autres et sait dire à qui veut l'entendre que, bien entendu, la solution est là, facile, évidente. « Il n'y a qu'à... » C'est le technicien qui a ses modèles en tête et veut les appliquer quoi qu'il arrive. Les séminaires et les livres de management ne manquent pas pour expliquer ce qui est bon pour bien animer son personnel et ses équipes. Des équipes de consultants viennent mettre en place les nouvelles méthodes de gestion. Il y a des réussites, certes, mais aussi des échecs retentissants. Il y a un mot passe-partout pour justifier le bien fondé de ces actions, même si elles échouent, c'est toujours la faute de la mauvaise volonté du personnel, des managers, c'est à cause de leur conservatisme, de leur mauvais esprit. « Ils résistent au changement ». Et tout est dit, sans chercher à analyser de plus près ce qui se passe. Il y a des modes et les personnes de la famille « Il n'y a qu'à... » sont très sensibles à ces modes. L'essentiel est d'être moderne et « dans le coup ». Le dernier système informatique est la solution. La dernière méthode de management est la solution.

Ce sont souvent des personnes qui n'ont pas à utiliser directement les méthodes qu'elles préconisent pour atteindre des résultats concrets précis. Il y a pourtant chaque fois de bonnes idées intéressantes à prendre, mais la prétention de tout savoir, d'apporter la solution miracle, d'être le « Père Noël » gâche les meilleures idées. Cette attitude crée de nombreux conflits, car les intéressés qui doivent appliquer concrètement ces méthodes sont les seuls à connaître réellement les détails pratiques qui permettent de réussir et d'atteindre les résultats prévus. Et les solutions miracles sont rarement applicables sans adaptation. D'autant que, face à cette attitude de Père Noël, les tenants du « changement zéro », quoi qu'il arrive, ont beau jeu de dénoncer les erreurs de ceux qui prétendent tout savoir. Conflits et guerres de positions se développent.

Diagnostic

En fonction de ses expériences passées, de ses réussites et de ses échecs, chacun se forge des croyances et des modèles qu'il souhaite utiliser à nouveau pour éviter d'échouer et continuer à réussir. L'attitude de « Il n'y a qu'à... » est la conséquence de ce fonctionnement naturel de tout être humain. Nous avons ainsi des cassettes toutes prêtes dans notre cerveau, c'est rassurant et utile d'avoir ainsi des solutions toutes prêtes. Si, en même temps, on se trouve être un tempérament relativement inquiet, on aura tendance à préférer utiliser ces cassettes qui ont fait leur preuve. C'est rassurant et moins inquiétant que réfléchir à des solutions différentes, inconnues. Dans un climat d'insécurité économique ou sociale, les attitudes « Père Noël » des sauveurs peuvent trouver un terrain psychologique favorable. D'autant qu'un modèle présente des solutions qui apparaissent « parfaites », cohérentes, logiques, maîtrisant l'ensemble des paramètres. Les personnes du type « sois parfaite » et « soi forte » (tout dominer) seront tentées par les modèles : associée à une certaine méconnaissance de ses capacités réelles d'influence (ceux que l'on est incapable d'influencer sont des conservateurs qui résistent au changement), l'attitude « Il n'y a qu'à... » a de bonnes chances de se développer.

Les difficultés sont d'autant plus grandes s'il y a la même attitude en face : ce sont les conflits de modèle et la guerre des « Pères Noël ». Les cassettes ne sont pas les mêmes et s'opposent, sans plus de réalisme de part et d'autre, puisque les deux ont comme seule référence des expériences passées qui les ont fait réussir, ils se raccrochent à des modèles stéréotypés qui ne sont pas le fruit de leurs pensées, mais vont dans le même sens et les rassurent.

Comment s'en sortir ?

– Prendre conscience de ces « cassettes » avec leurs avantages et leurs inconvénients.

– Trouver ensemble des solutions pratiques et applicables pour faire face aux difficultés.

– Prendre des solutions partielles partout où elles existent, sans *a priori*.

– Partir des problèmes pratiques de chacun plutôt que d'un modèle.

– Découvrir les illusions qu'on se fait sur ses pouvoirs : on ne peut pas imposer aussi facilement son modèle.

– Diminuer son optimisme, ses certitudes, son assurance d'avoir raison et de détenir la vérité...

– Découvrir qu'il ne suffit pas de dire : « J'ai la solution » pour que la décision soit exécutée, encore faut-il qu'il y ait un minimum d'accord, de réponse à des besoins, des raisons valables de changer.

– Connaître les lois psychologiques du changement est plus efficace que simplement énoncer ses certitudes.

– Connaître ce phénomène psychologique : dire à une personne que l'on a une solution la pousse à la passivité :

- soit elle se met à tout attendre de vous et ne fait plus rien, et le problème ne peut pas être résolu, car une participation active de la personne concernée par le problème est toujours nécessaire ;

- soit elle se met à croire au modèle proposé comme à une méthode miracle, et la première difficulté (qui ne peut manquer de venir) est vécue comme une culpabilité (je suis stupide de ne pas y arriver puisque cette méthode donne la solution), ou bien est vécue comme une perte brutale de foi en la méthode (le miracle attendu n'a pas eu lieu) ;
- soit elle est terrorisée par cette méthode toute-puissante, trop puissante, qui va la forcer à changer complètement et la personne se défend, soit en attaquant agressivement, soit avec ironie en sabotant les applications.

– Pour ceux qui résistent au modèle :
- bravo, il est bon de ne pas croire au Père Noël, et éviter ainsi de se mettre en position de soumission sans réfléchir ;
- attention, l'ironie anti-modèle est aussi une façon de manifester sa peur de tout changement, et c'est une façon, plus cachée mais réelle, de se mettre en dépendance de ce modèle (contre-dépendance) ;
- enfin les difficultés sont là : quand ça va mal, il est peut-être réaliste de se dire que toutes les bonnes idées sont à prendre partout où elles se trouvent du moment qu'elles sont opérationnelles ;
- se donner des messages positifs : le changement bien adapté peut être utile ;
- cacher ses faiblesses n'est pas toujours la meilleure solution. La peur peut être mauvaise conseillère. C'est bien d'être le plus fort, mais être ouvert peut être très intéressant et agréable ;
- prendre conscience du degré de gravité du problème et informer de la réalité des problèmes ;
- prendre conscience des conséquences désastreuses d'un refus systématique de réformer dans le contexte difficile actuel ;
- s'entraîner à la négociation pour trouver d'autres solutions de défense. Il est possible de dialoguer sans y perdre ;
- présenter des contre-propositions correspondant aux besoins pratiques.

4. Les serviables

Tout le monde connaît au travail ces personnes toujours prêtes à rendre service et à donner un coup de main. C'est bien agréable et utile. Qui dira le rôle indispensable de ce type de personnel pour que les résultats soient efficaces et que la qualité du service soit à la hauteur. Il y en a tant d'autres qui ne cherchent « qu'à se défiler » qu'il est indispensable de dire leur utilité, avant de montrer que, dans certains cas, ces serviables ne rendent pas service et provoquent des difficultés et des conflits. Nous en prendrons deux exemples typiques. Le premier concerne ceux qui vraiment en font trop. Nous les avons appelés « Au four et au moulin ». À trop vouloir bien faire, finalement, on crée l'enfer ! Ainsi ils vont à l'encontre de ce qu'ils voulaient (le sauveur devient persécuteur...). Le deuxième exemple concerne ceux qui veulent toujours tout arranger. En faisant un clin d'œil à Charlie Chaplin, nous les avons appelés « Les arrangeurs arrosés ». En effet, en voulant toujours tout arranger, finalement ils n'arrangent rien, car, comme chacun sait, il est quelquefois préférable de ne pas arranger les choses tout de suite et d'attendre de trouver des solutions réellement applicables, en prenant le temps de les mettre en place.

4.1 Au four et au moulin

C'est l'indispensable, dont, finalement on se dispenserait bien. Il croit pourtant sincèrement vous aider. Il va répondre au téléphone à votre place, quand vous n'êtes pas là, quoi de plus normal. Mais il va plus loin, se met à appeler le client de sa propre initiative, devient ami avec lui. À notre grand étonnement, un jour le client vous demande de parler avec votre collègue car il préfère traiter avec lui « Si cela ne vous ennuie pas bien sûr ! » Vous ne pouvez pas refuser (et le sauveur devient victime). Et quand vous vous plaignez à votre collègue qu'il en fait trop, il ne comprend pas et vous taxe d'ingratitude. Mais il y a aussi la personne serviable, célibataire, qui accepte de faire des heures à la place d'un collègue qui a un enfant en bas âge et, peu à peu, cette personne prend de l'importance, s'occupe de vos dossiers, est demandée par le responsable pour répondre à votre place...

Attention, vous n'en demandez pas tant. Il y a aussi celui qui veut vous aider dans vos relations avec vos collaborateurs. Il profite d'un contact ou d'une connaissance qu'il se trouve avoir dans votre unité. Et, uniquement pour vous aider, il se met à écouter complaisamment la récrimination et propose même d'en rencontrer d'autres, de façon immuable, au restaurant d'entreprise. Toujours pour vous rendre service, il vous tient au courant et rapporte ce qu'il a entendu dire, explique qu'il a déjà proposé de servir de médiateur, toujours pour aider. Son collègue manager sent le piège et lui demande d'arrêter, mais il est déjà trop tard. Et votre cher collègue si serviable s'étonne de la colère manifestée « Mêle-toi de ce qui te regarde... » Et le sauveur devient persécuteur. Enfin, il y a celui que l'on voit partout, « au four et au moulin », toujours prêt à accepter un travail supplémentaire, une mission, une responsabilité, un déplacement imprévu et personne ne sait plus si c'est vraiment pour dépanner et rendre service, en acceptant des travaux que les autres ne veulent pas prendre et lui demandent de faire à leur place, ou une ambition dévorante au détriment de ses collègues de travail : « il gâche le métier, se fait exploiter, et nous met tous en mauvaise position... » En effet, le patron ne manque pas de signaler le dévouement de cet élément excellent du service. Les autres pensent : «... lèche-bottes et fayot... oui, c'est tout ce qu'il est... » Et, à la première occasion, les disputes éclatent, les autres lui reprochant son soi-disant dévouement. Le malheureux ne comprend plus rien, lui qui affirme « Je voulais simplement te rendre service... ne le prends pas mal ! » Et il maudit l'ingratitude des êtres humains... Il devient victime.

Il faut dire aussi que si de telles personnes peuvent ainsi s'adonner à l'aide « à tout va », c'est parce qu'elles trouvent en face d'elles des collègues de travail qui veulent profiter de son esprit de service et l'exploiter, ou qui sont inquiets et peu sûrs d'eux et n'osent pas accepter certaines missions : les victimes attirent les sauveurs !

Diagnostic

C'est l'histoire typique de la personne qui croit rendre un service à ses collègues : à vouloir trop aider, il ne fait que mettre le désordre et crée des tensions et conflits. Il se donne un rôle de sauveur et finalement persécute les autres. Son point faible : être aimé, être indispensable, sentir que l'on a besoin de lui... Dès qu'une occasion semble se présenter à lui, il ne résiste pas... et les ennuis commencent pour lui et ses collègues. Il est très important pour lui de rester en position de supériorité, d'où son goût de se mêler de tout, « au four et au moulin » ; il alimente ainsi un vieux sentiment d'ingratitude qui le renforce dans ses fausses croyances : les autres sont incapables et ne valent pas grand-chose ; il faut les aider, même malgré eux et les « sauver », « Je ne peux être apprécié des autres que si je m'occupe d'eux » pense-t-il.

Il est renforcé dans son système par ceux qui répondent à ses avances. Inquiets ou peu sûr d'eux, ils attendent les solutions des autres, puis le regrettent bien... apercevant le piège... ou encore ils espèrent profiter de la bonne poire. Ils se renforcent dans leur inefficacité. Comment sortir du cercle infernal ?

Comment s'en sortir ?

Si vous êtes « au four et au moulin »

– Se donner comme objectif de voir ce qu'il est utile de faire pour aider réellement les autres.
– Prendre conscience de la fausse idée de soi-même qui amène à se croire capable de tout résoudre à la place des autres.
– Ne pas penser que les gens sont ingrats, on ne les aide pas vraiment en ne leur donnant pas ce qui est utile pour eux.
– Comprendre qu'on envoie un message très dévalorisateur en voulant rendre service à tout prix.
– Laisser les gens régler eux-mêmes leur affaire et ne pas déborder son rôle en rendant les services que l'on ne demande pas...
– Savoir qu'il existe d'autres moyens de se faire apprécier des autres que de chercher tout le temps à rendre un service...

Si vous utilisez trop facilement les serviables

– Se méfier de sa tendance à se mettre en dépendance des autres.

– Ne pas accepter trop les services qu'un collègue peut proposer.
– Développer davantage des comportements d'autonomie et de responsabilité.
– Voir qu'on encourage le serviable à aller trop loin et que, pour une part, on est responsable de la situation finale.

4.2 L'arrangeur arrosé

> Comment à vouloir tout arranger, on n'arrange rien.
>
> C'est le manager qui veut être trop gentil avec tout le monde et espère arriver à faire que tout se passe bien entre tous ses collaborateurs, quels que soient le problème et la situation. Il pense qu'il suffit d'un peu de bonne volonté de part et d'autre pour que tout soit possible. Un des pièges classiques est l'acceptation de certains arrangements horaires dans l'unité pour une personne. Le malheureux a beau affirmer qu'il s'agit d'un cas exceptionnel et qu'il n'a accordé cette faveur que pour arranger une situation difficile, bien sûr les autres vont réclamer les mêmes arrangements : « il n'y a pas de raison » affirment-ils. Et c'est vrai. Pour éviter un conflit et ne pas être désagréable avec une personne, il va entrer en conflit avec beaucoup d'autres. C'est le genre de responsable qui cède, dès qu'il y a un début de conflit, espérant étouffer dans l'œuf toute velléité de tension.
>
> En fait, d'arrangement en arrangement, le service ne fonctionne plus correctement. Les réclamations et les désaccords s'amplifient. Ce genre d'attitude est renforcée si le responsable de ce manager est lui-même un sauveur et pense qu'une bonne unité est une unité où il n'y a pas de conflits. « Tout conflit peut trouver une issue, s'il est bien géré » affirme-t-il. Il ne va pas soutenir son malheureux manager quand il a des ennuis.
>
> Cette chaîne hiérarchique renforce le phénomène de « l'arrangeur arrosé » ! Bien sûr, un jour proche, on s'en apercevra et tout rentrera dans l'ordre, au détriment de tous.

Diagnostic

Pour avoir une bonne sécurité, ce manager accorde une liberté excessive qui finalement crée de l'insécurité. Il veut être populaire, bien vu de ses collaborateurs et son propre responsable a le principe erroné qu'un bon manager est un manager qui a toujours de bonnes relations avec ses collaborateurs, ce qui le renforce lui aussi dans cette croyance. Il a peur de heurter et oublie qu'un bon manager rencontre fatalement des moments où il déplaît. Le problème est de le supporter, ce qui est parfois dur à vivre. Il a trop peur de faire de la peine, c'est un sensible, il ressent de la pitié. Il est trop gentil et devient démagogue. Il a en même temps trop d'assurance sur son pouvoir de régler les conflits. Il se laisse déborder parce qu'il est trop seul et isolé, sans communication avec les autres managers. Il a des croyances stéréotypées : si on fait plaisir aux autres, ils se montrent reconnaissants et raisonnables, sans abuser de la situation.

Les êtres humains fonctionnent autrement. C'est dommage pour lui, mais c'est la réalité. Les collaborateurs abusent de la situation sans voir qu'ils vont finalement y perdre, car le service ne va pas bien marcher et, un jour, tout rentrera dans l'ordre à leur détriment. Ils croient qu'il est possible d'abuser et de profiter de la situation sans que personne ne s'en aperçoive, ce qui est illusoire. C'est la fuite en avant de tout le monde : c'est à celui qui donne le plus et à celui qui prend le plus. C'est l'agitation incontrôlée. Où cela va-t-il s'arrêter ? C'est l'escalade. Ils fuient tous la réalité en oubliant que tout n'est pas possible : « Plus tu donnes, plus ça va... plus tu prends, plus ça va... »

Comment s'en sortir ?

– Arriver à se fixer comme but d'établir des relations justes, claires et efficaces avec son personnel, tout en acceptant qu'il y ait des négociations avec celui-ci pour l'obtention d'avantages réalistes dans le cadre d'un travail efficace.
– Prendre conscience de sa peur des conflits et de son désir excessif de plaire qui vont mal avec les responsabilités.
– Prendre conscience qu'il n'est pas seul dans une entreprise, qu'il n'a pas tous les pouvoirs.
– Revenir à davantage de réalisme.
– Ne pas accorder une liberté excessive et une absence de normes.
– Pour prévenir d'autres conflits, une jurisprudence des privilèges doit être élaborée et discutée avec les autres chefs de service.

Pour les autres

– Prendre conscience des dangers d'abuser de la situation et des faiblesses de son chef, avec les « retours classiques de bâton » que cela risque de produire.
– Ne pas laisser d'autres collègues trop en profiter, car les ennuis provoqués par ces attitudes seront les ennuis de tout le monde.
– Mener des négociations réalistes sur ce qui est réellement possible dans le contexte d'un travail efficace.
– Ne pas oublier qu'ils ne sont pas seuls et que trop gagner à un endroit facile et faible peut bloquer l'ensemble.
– Un bon négociateur n'abuse jamais de sa victoire et sait s'arrêter à temps. Ils doivent s'en souvenir...

La négociation, un moyen efficace de sauver une situation

Les étapes habituelles d'une négociation :

1 – Rupture avec le cours des choses

- Prendre du recul

2 – Situation problématique

- Quel est le problème ?
- Quelle est la situation ?

3 – Exposition des points de vue

4 – Détermination d'une stratégie

5 – Recherche d'un objectif commun

6 – Analyse des obstacles explicites et implicites

- Domaines de convergences et de divergences
- Détermination du négociable et du non négociable
- Situer les conflits possibles...

7 – Évaluation des espérances du partenaire

- Que veut-il ?
- Qu'espère-t-il ?
- Où veut-il en venir ?

8 – Évaluation des stratégies et des approches possibles

- Détermination des tactiques, manœuvres et scénarios en fonction des approches du partenaire.

9 – Évaluation des enjeux

- À quel prix pour chacun des partenaires ?

10 – Échange des propositions et contre-propositions

11 – Émergence des limites

- Liste des points de désaccord
- Moyen terme entre soumission et conflit

12 – Projet d'accord

- En cohérence avec le but commun

13 – Accord

14 – Modalités d'application

5. Les interventionnistes

À la fin de ce chapitre, nous présentons la quintessence des sauveurs : les interventionnistes. Ils sont la synthèse de tous les types de sauveurs que nous avons passés en revue. Ils sont un mélange d'optimistes, d'illusionnistes, de magiciens et de serviables, mais ils ont encore plus que les autres un besoin incoercible d'intervenir pour sauver les situations. Nous en présentons deux types. Le premier, intitulé « l'arbitre » se prend pour saint Louis sous son chêne ou Salomon réglant tout avec sagesse. Hélas pour eux, tout n'est pas si simple, et n'est pas arbitre qui veut, c'est un métier de professionnel qui ne peut s'exercer qu'à certaines conditions bien précises. Le deuxième et dernier type de sauveur de notre galerie est le plus bizarre, et pourtant, vous en connaissez et nous le sommes nous-mêmes parfois : il s'appelle le pyromane pompier et mérite un détour, car il est fort intéressant, il allume des incendies pour pouvoir les éteindre !

5.1 L'arbitre

Ce n'est plus de l'arbitrage, mais une incitation à la délation, et donc, un encouragement à de nouveaux conflits. Pourtant l'arbitrage est une fonction importante d'un manager. Nous touchons à un problème difficile, car l'arbitrage est fait pour régler les conflits, comme un juge de paix pour régler les désaccords entre les individus. Pourtant, nous le présentons comme une cause possible de conflits, ce qui paraît paradoxal. Il existe des managers qui refusent d'arbitrer pour ne pas s'engager et rester « au-dessus de la mêlée », nous l'avons dit dans la famille des persécuteurs (Cf. chapitre 2 : l'incitation au meurtre) et ils sont cause de nombreux conflits. L'attitude d'arbitre est donc indispensable, mais elle ne peut s'exercer à n'importe quelles conditions, sans provoquer des tensions, empêcher finalement les conflits de se régler et créer un climat négatif. Car il existe aussi des managers qui arbitrent trop souvent.

> C'est ce manager qui rencontre des ennuis du fait des inexactitudes et des retards de sa collègue de bureau. Son responsable l'écoute longuement, il veut pratiquer la porte ouverte et tout le monde peut venir le voir directement. Il propose une rencontre dans son bureau avec la collègue concernée. La réunion a lieu et rien de positif ne peut en sortir, car le manager ne peut pas mener un véritable rôle de juge d'instruction qui enquête, vérifie, fait appel à témoin. Il ne peut trancher, ne connaissant pas assez la réalité et ne pouvant pas la connaître… Il n'en sort donc rien, sauf des conflits supplémentaires. L'employé en veut à son patron de n'avoir pas tranché en sa faveur, la collègue de l'employé lui en veut de l'avoir dénoncée au patron. Il est persécuteur. Le responsable s'en veut. Il est victime. S'il veut tenir tribunal, il ne fera plus que ça toute la journée et sans avoir les moyens d'exercer son arbitrage. L'attitude « d'arbitre » que nous pensons être source de conflits, concerne les arbitrages de querelles personnelles, les difficultés des relations humaines, quand on n'a

manifestement pas les moyens de trancher. L'écoute devient une incitation à la déclaration et donc à de nouveaux conflits. Bien sûr, par souci de bien faire, ce manager se laisse piéger par les personnes qui recherchent l'arbitrage, se sentant incapables de régler elles-mêmes leurs affaires personnelles, c'est à lui de voir s'il est judicieux et possible d'arbitrer.

C'est ainsi que l'attitude d'arbitre peut être source de conflits dans certaines circonstances. Voyons à quelles conditions le rôle d'arbitre est piégé (diagnostic) et les conditions pour qu'il soit efficace (comment s'en sortir ?).

Diagnostic

Quand les règles et les critères qui concernent l'action à juger sont flous, peu connus des protagonistes, encore moins acceptés puisque peu connus, l'attitude d'arbitre des conflits ne peut être efficace. Les problèmes d'arbitrage dans les sports viennent très souvent de l'interprétation de nouvelles règles encore peu connues ou de règles qui sont difficilement interprétables (par exemple le cas classique du hors-jeu au football). Les conditions positives (règles claires, connues...) sont fort rares dans les conflits de relations humaines, où tout se présente de façon plus complexe. Ainsi, arbitrer peut devenir une attitude de sauveur qui n'aide pas vraiment et même empêche les personnes en présence de régler elles-mêmes leurs différends, alors qu'au fond, elles en ont les moyens. L'arbitrage est souvent plein de sous-entendus : l'arbitre se dit « Je vais dire qui a raison » mais chaque protagonistes pense « Dis-moi que c'est moi qui ai raison ».

L'arbitre est flatté d'avoir la puissance d'un juge, mais de fait, il n'a pas les moyens d'exercer son pouvoir. Très vite, il peut glisser à la position de persécuteur « incitation au meurtre » et « diviser pour mieux régner » puisqu'il ne peut pas arbitrer. Ces interlocuteurs, sous prétexte d'arbitrage, sont amenés à être, eux aussi, des persécuteurs « mauvaises langues ». De fait, l'arbitre encourage la délation sans utilité. Bien que les conditions ne soient pas remplies pour un arbitrage efficace, on est incité à en jouer le rôle parce que cette position semble donner du pouvoir et qu'en fait, les plaignants réclament l'arbitrage, encouragés dans leur for intérieur par des croyances du type « Tu ne peux pas t'en tirer tout seul »... « Tu as besoin d'un autre pour régler tes problèmes avec les autres... » L'arbitre croit vraiment qu'il a les moyens de trancher de façon équilibrée pour la satisfaction des deux parties... ce qui est souvent utopique. Le résultat est le plus souvent deux frustrations et deux rancœurs. Mais alors, que faire en cas de différend, si l'arbitre est relégué aux cas exceptionnels. Si vous êtes dans ce cas, voici quelques options pour vous en sortir.

Comment s'en sortir ?

Vous êtes en position d'arbitre

– Réaliser le danger d'être juge.

– Refuser de trancher et d'arbitrer, car c'est courir le risque de mettre les autres en position de triomphe ou de rejet entre eux.

– Être informateur, catalyseur, reformulateur, en participant au débat et en donnant son avis, seulement si vous n'êtes pas en position hiérarchique ; autrement vous apparaîtrez fatalement arbitre.

– N'accepter d'être l'arbitre que si vous êtes sûr d'arriver à une solution efficace.

– Mettre en place des règles claires, peu nombreuses, connues de tous et acceptées par tous.

– Avant d'arbitrer, mettre en place des règles et annoncer que la prochaine fois, elles seront appliquées et qu'en attendant, chacun se trouve un *modus vivendi*.

– Accepter d'arbitrer en faveur du lésé s'il y a manifestement abus de pouvoir et injustice.

– Des demandes fréquentes d'arbitrage indiquent une mauvaise organisation du travail, une définition insuffisante des rôles de chacun et une mauvaise délégation.

– Exiger que les plaignants arrivent à une solution efficace pour le travail et les laisser s'arranger entre eux pour qu'ils règlent leurs différends, en donnant votre décision sur la solution trouvée.

– Réserver l'arbitrage pour les orientations importantes : objectifs, évaluation, répartition des responsabilités, choix du matériel, budget, rarement pour les problèmes de relations humaines (sauf abus évidents).

Vous demandez un arbitrage

– Ne s'en remettre à un arbitrage ou à un juge que dans les impasses très difficiles, donc très rarement.

– Se débrouiller tout seul pour résoudre les problèmes.

5.2 Le pyromane pompier

Vous connaissez ces faits divers où l'on apprend qu'un pompier était en fait pyromane, c'est-à-dire une personne qui a une maladie psychologique étonnante : fascinée par le feu, elle en allume partout. Le cas est évidemment saisissant, mais si l'on y réfléchit bien, peut-être pas si étonnant, car le pompier et le pyromane ont en commun la passion du feu : l'un pour l'éteindre, l'autre pour l'allumer.

> Notre exemple présente le cas typique de la personne qui a la passion des ennuis et des malheurs, car elle a la passion d'aider et de sauver. Cette attitude se forge peu à peu. Au début, c'est plutôt bien, généreux et efficace, elle aime et veut aider les gens en difficulté et traite les situations difficiles sans réussir vraiment, mais elle est excusée car c'est très difficile. Peu à peu, elle y prend goût, et même, elle s'aperçoit qu'elle n'est à l'aise que si elle est en situation difficile et que si elle s'entoure de personnes à problèmes. Bien sûr, les résultats ne sont pas très bons, mais elle est excusée (en tout cas, elle s'excuse) car, avec les personnes qu'elle a et les situations qu'elle doit traiter, on ne peut pas lui demander tellement plus. On a quand même le sentiment qu'elle en rajoute et que, quelque part, elle recherche cet état de « pyromane pompier », car il est finalement assez confortable : toujours excusée, jamais responsable, souvent plainte (victime), sinon admirée par son entourage, qui dit mieux? Mais les résultats restent médiocres, sinon mauvais et il ne semble pas qu'elle prenne les décisions qui s'imposent pour changer cet état de fait : départ de certaines personnes, réorganisation, évaluation courageuse des contre-performances, ou remise en cause de ses méthodes, analyse des difficultés et propositions précises d'amélioration, diagnostic clair de ses faiblesses et actions concrètes pour en sortir. Comme les autres ont des résultats et traitent réellement les problèmes rencontrés, chacun commence à se demander si ce « pyromane pompier » ne le fait pas exprès, plus ou moins consciemment bien sûr, mais les ennuis sont là (serait-il persécuteur?...).
>
> C'est aussi la personne qui n'a pas de grandes responsabilités, mais organise son propre travail en ayant le souci excessif de ne contrarier personne. Bien sûr, les autres en profitent et lui laissent les travaux difficiles, source d'ennuis. Cumulant à la fois, le souci d'être gentille et « pas contrariante » et un certain goût pour le traitement des ennuis elle se met en position d'être un vrai pyromane pompier. Mais des tensions se manifestent, car elle n'y arrive pas, il y a trop d'ennuis. Les conflits se développent et son attitude de sauveur tous terrains n'est plus acceptée.

Diagnostic

Au fond, cette personne se crée des ennuis et se met en situation d'en avoir, pour pouvoir les arranger et être excusée, mais elle n'y arrive pas, étant donné l'importance des difficultés qu'elle doit régler. Bien sûr, c'est une façon de se donner du pouvoir, sans en avoir l'air et d'être irresponsable, puisqu'excusée. « Sans moi, vous ne pouvez rien... heureusement que je suis là... » Se mettre en situation d'être indispensable donne de grandes satisfactions psychologiques qui motivent la personne à se mettre et rester dans cette attitude de « pyromane pompier »... Mais, en fait, cette personne manque d'assurance personnelle et ne se sent bien qu'avec des gens pas très capables. Elle a peur des « gagnants » et préfère s'entourer de médiocres, pour être plus sûre de garder son pouvoir. Elle pense qu'elle ne peut être forte que si les autres sont faibles. Elle a peur des responsabilités et se rassure en s'entourant de gens encore moins capables qu'elle.

Le pyromane pompier est souvent trop gentil. Il organise son propre travail en faisant tout pour ne pas gêner les autres et ne leur créer aucun ennui, moyennant quoi, c'est lui qui ramasse toutes les difficultés sans avoir forcément la capacité de les traiter. S'il est responsable, il va être très soucieux de plaire, de maintenir de bonnes relations humaines. Il va ainsi mettre en place une organisation de son unité en fonction des bons plaisirs de chacun plutôt qu'en fonction d'une bonne efficacité. Au début, tout le monde l'aime bien et est content, voilà le piège. Ensuite, bien sûr, tout le monde se plaint, se dispute, parce que l'unité ne fonctionne pas bien. Sa gentillesse a créé une ambiance conflictuelle dont il est responsable. Cette attitude ne peut se développer longtemps que dans un système d'organisation où n'existe pas une véritable évaluation des résultats, claire et connue de tous. Il y a connivence avec son entourage qui se sent protégé par cette absence d'évaluation (et de sélection) et ainsi excusé lui aussi, cette personne a trop besoin de leur médiocrité et de leurs ennuis pour exister et comme eux-mêmes trouvent des avantages à ne pas réduire leurs ennuis, tout le monde est content, au moins pour un temps, car la continuité des difficultés non réglées va engendrer tensions, désaccords et conflits.

Comment s'en sortir ?

Pour une personne qui aurait un certain goût pour être pyromane pompier

– Prendre conscience de cette attitude souvent ignorée et cachée.

– Sa gentillesse et son souci des relations humaines sont positifs et doivent être maintenus, malgré les ennuis et difficultés.

– Prendre conscience qu'il est normal de déplaire parfois pour bien organiser son travail ou, si l'on est responsable, celui de son unité, on ne peut plaire à tous !

– Savoir que les personnes à qui on a déplu seront finalement heureuses que tout marche bien et que les résultats soient bons.

– Savoir qu'une organisation moins efficace peut plaire et être acceptée, par tous, mais qu'elle sera rejetée si les ennuis commencent.

– Voir le nombre de personnes peu capables (mais sympathiques et qui l'aiment bien) qui existent dans son entourage et qui ont été choisies par elle.

– Réaliser le jeu dangereux qu'elle joue ; les ennuis ne sont pas éternellement acceptables ; ces façons de faire seront repérées, déplairont et paraîtront bizarres.

– Comprendre qu'il ne suffit pas d'établir une organisation qui plaît à tout le monde mais plutôt une organisation efficace.

– Voir qu'il y a d'autres moyens de prendre du pouvoir qu'en créant des ennuis pour rendre service : avoir des résultats, être utile et efficace, trouver des clients, etc.

– Devenir conscient de sa peur cachée de prendre des responsabilités ; on n'ose le faire que s'il y a panique.

– Trouver des occasions d'être efficace, sans histoire.

– Oser prendre des risques et des responsabilités, en choisissant des opérations assez sûres et de son niveau.

Être responsable d'un pyromane pompier

– Repérer la personne trop gentille et qui se fait exploiter : organiser son poste pour lui donner un travail à son niveau ; décider pour elle, car elle a peur de déplaire et manque d'assurance.

– Cette attitude se développe plus facilement dans un système d'organisation où les résultats ne sont pas clairement connus et où les évaluations restent floues.

– Mettre en place un système qui permet d'avoir des résultats (même qualificatifs) visibles.

– Donner l'occasion à cette personne de réussir des actions à son niveau et peu dangereuses pour elle, afin de lui redonner le goût des responsabilités.

– Montrer que son attitude, dite courageuse, intéresse moins que des réussites concrètes : provoquer un conflit si nécessaire pour casser le système.

6. Pour résumer

Le sauveur est insatisfait, en manque de reconnaissance. Il court après les autres pour obtenir des remerciements, il aide pour avoir le subtil pouvoir de celui qui rend service et met ainsi les autres en dépendance. Il est, bien sûr, essentiel de bien distinguer le vrai sauveur efficace et le faux sauveur inefficace. Le sauveur efficace répond à un besoin réel de la personne, est compétent et capable de donner une aide suffisante à la personne aidée, qui dirige elle-même ce qu'elle souhaite recevoir. Ainsi, le sauveur efficace donne une aide qui ne met pas son interlocuteur en dépendance, alors que le sauveur inefficace distille son aide comme une drogue dont la personne ne peut plus se passer, l'empêchant de se réaliser par elle-même, autonome et responsable.

Vous aussi, si vous êtes en face d'un faux sauveur, veillez à ne pas tomber dans le piège et à refuser une aide qui, finalement, ne vous rend pas service. Ne vous laissez pas transformer en « victime » à secourir, comme on va le voir dans le chapitre suivant.

N'oubliez pas non plus qu'un faux sauveur devient un véritable persécuteur. Souvent, frustré de reconnaissance, il se met à en vouloir au monde entier et en particulier à toutes les personnes qu'il a aidées et ne lui sont pas, à son gré, assez reconnaissantes. Si vous avez ce sentiment, c'est un bon moyen de savoir que vous pratiquez sans doute le « faux sauveur ». Un dernier point à connaître : un sauveur est souvent lui-même une victime qui s'ignore (ou qui a été dans le passé victime des autres et de la société). Quand vous le rencontrez, sachez aussi qu'une bonne façon d'avoir des relations positives avec lui est de le traiter en victime cachée, en pratiquant quelques-uns des comportements que nous allons décrire dans le dernier chapitre.

5

CHAPITRE

Les pouvoirs ignorés des victimes

Les persécuteurs sont clairement causes de dissensions et de querelles. Que ce soit aussi le cas de « gentils sauveurs » semblait déjà étonnant. Mais que de malheureuses victimes le soient, semble impossible[1]. Il faut des preuves pour oser une telle affirmation. C'est ce que ce chapitre va apporter. Dans nos souvenirs, nos habitudes sociales, notre moral, notre culture, la victime est à secourir, il n'est pas bien de l'attaquer et de s'en méfier. Par définition, puisqu'elle est victime, ce n'est pas sa faute, elle est gentille et les autres sont méchants. Il n'est pas très bien vu de ne pas défendre une victime en public, pire de l'attaquer. Les autres vont réagir contre vous et vous ne pourrez pas vous comporter ainsi pendant très longtemps. Vous ne pourrez pas faire ce que vous vouliez, même si vous pensiez que c'était légitime. Vous n'avez même pas le temps de vous expliquer. La victime a pris le pas sur vos désirs d'intervention. La victime a eu davantage de pouvoir que vous, car elle a eu les autres avec elle, la bienséance, la bonté, la générosité, la naturelle pitié que peut inspirer une victime. Vous commencez à connaître les pouvoirs ignorés des victimes.

Nous vous proposons de poursuivre cette découverte en faisant le tour de quelques exemples typiques, montrant la différence entre les victimes réelles qu'il faut aider et secourir et les attitudes psychologiques de victimes qui sont dangereuses. Les deux étant souvent mêlées, voici deux exemples pour vous aider à bien distinguer. Le plus connu et courant dans le travail, ce sont les *éreintés*, les débordés, les surmenés, tous ceux qui affirment « Ici, tu sais, c'est marche ou crève ». Ensuite, il y a les *malheureux* qui vous racontent à longueur de journée tous les ennuis dont ils sont accablés (nous parlerons de l'attitude « gémir ») ou bien vous affirment

1. D. Chalvin, *Du bon usage de la manipulation*, ESF.

que rien ne va pour eux, en terminant cette constatation par un solide « Et pourtant, j'ai tout fait ! » on veut bien les croire, mais nous regarderons de plus près. Les *malchanceux* – notre troisième cas – ont vraiment l'air de rechercher la malchance, bien qu'ils affirment le contraire : notre premier exemple « engueulez-moi, merci » dit bien ce qu'il veut dire et le deuxième « seul au monde » est la conclusion logique de cette soi-disant malchance. Nous avons ensuite les *irresponsables* : les uns clamant ouvertement qu'ils n'y sont jamais pour rien, leur slogan : « ce n'est pas moi, c'est lui ». Les autres ont l'air de demander de l'aide, mais en fait, ils disent « Fais-le à ma place », ainsi je pourrais rester irresponsable. Nous finirons par les *pessimistes*, victimes s'il en est : les uns estiment que « ce n'est pas possible » ce qui leur est demandé, les autres plus subtils, affirment ne rien y comprendre et donc s'avouent bien incapables, de ce fait, de pouvoir faire ce que vous souhaitiez, à leur corps défendant bien sûr.

Voici quelques exemples de moyens qu'emploient les victimes pour exercer leur pouvoir et avoir de l'influence. Hélas, cette influence est en général peu efficace et source de nombreux conflits, que nous allons décrire et analyser pour mieux trouver les actions pratiques qui vont permettre de s'en sortir [2].

1. Les éreintés

Vous rencontrez un collègue ou vous lui téléphonez. Vous attendez la réponse : « Je te dis pas… crevé… Tout juste la tête hors de l'eau… » Oser lui répondre « Oh ! moi, ça va » semble hors de question. Vous sentez bien que ce n'est pas de saison. Il convient d'être éreinté, victime de son travail et de la vie… Bien sûr, c'est vrai, ce n'est pas facile de mener de front, travail, vie de couple, vie de famille avec les enfants, déplacements et embouteillages, nécessité de se battre pour assurer, car le chômage existe et la concurrence aussi. Chacun est en partie réellement victime de cette vie. Mais est-il nécessaire d'en rajouter et de montrer systématiquement que l'on est éreinté ? N'y a-t-il pas une certaine mode qui fait bien d'être fatigué, sinon on ne travaillerait pas bien ! N'y a-t-il pas une responsabilité personnelle ?

Deux exemples typiques de cette attitude de victime. Celui qui s'organise de telle façon qu'il s'est mis en situation d'être toujours en train de courir, autrement, il risque les ennuis ; c'est le fameux « marche ou crève ». Qui n'avance pas recule, c'est bien connu… Le deuxième est le mot le plus

2. Une vidéo conçue par l'auteur présente ces exemples, réalisée et éditée par IPLF, 19, avenue de la Marne, 92120 Montrouge.

souvent employé au travail « débordé », donnant lieu à une vaste littérature sur le surmenage au travail, certes, phénomène réel, mais certains en font vraiment trop, à croire qu'ils le cherchent, parce qu'ils y trouvent certains avantages et certains pouvoirs, les pouvoirs des victimes. Mais en même temps, quelqu'un d'éreinté est irritable et provoque fatalement des conflits et des tensions dont les autres sont réellement victimes...

1.1 Marche ou crève

C'est la personne qui a l'art de se mettre dans des situations impossibles. Quoi qu'elle fasse, elle aura des ennuis et elle ne voit pas d'alternative : sans issue ! Il est vrai que souvent, dans le travail, on se trouve dans des difficultés dont on doit se tirer sans retomber dans de nouvelles et aller ainsi de Charybde en Scylla.

> Si je veux assurer un travail de très bonne qualité, j'y mettrai le temps, donc de l'argent et ce ne sera pas rentable. Si c'est rentable, ce sera de mauvaise qualité. Et me voilà coincé ! Si je veux maintenir un bon esprit d'équipe et d'excellentes relations humaines, je ne dois pas être trop exigeant, mais si je laisse aller, j'aurai de mauvais résultats. Quoi que je fasse, je ne m'en sors pas. Je suis bien victime de mon travail. Je ne peux pas m'en tirer. C'est « marche ou crève ». Je suis angoissé par cette situation. J'y pense la nuit. Qui ne le serait pas ? Bien sûr, je suis fatigué, je m'énerve à la maison, avec ma femme et les enfants. Je repense au travail, ce qui n'arrange rien ! Je ne suis pas en forme. Je deviens irritable et, à la moindre contrariété, le conflit commence. J'ai du mal à supporter les classiques soucis de la vie professionnelle. D'autant que mon patron, lui-même, au moins aussi anxieux que moi, me harcèle, en me demandant sans cesse si tout va bien. Il est inquiet, moi aussi. Il me fait des reproches pour la moindre petite erreur.
>
> Je vais craquer. Il ne faudra pas m'en vouloir, dans un tel contexte. Je ne suis pas responsable de ce système qui m'enferme dans ce dilemme sans issue positive. D'ailleurs, autour de moi, d'autres vivent la même situation et on se comprend bien. On commence à représenter une force, un pouvoir et on ne va plus se laisser faire ainsi. On nous demande l'impossible. Et comme chacun sait, à l'impossible nul n'est tenu. C'est déjà au moins un avantage d'être dans ce pétrin : personne ne peut vous en vouloir. Mais l'ambiance dans le service n'est pas vraiment merveilleuse. Il y a tout le temps des désaccords et des conflits à propos de tout et de rien. Que faire ?

Diagnostic

Cette personne a certes beaucoup de travail, et il n'est pas toujours facile pour elle d'arbitrer entre ses différentes priorités, mais c'est le lot de tous ses collègues. Et tous ne se posent pas en victime comme elle. Pourquoi prend-elle cette attitude ? Elle a du mal à optimiser entre des buts partiellement opposés : la rentabilité et la qualité, l'esprit d'équipe et les exigences d'efficacité. Elle a une espérance irréaliste que le langage populaire traduit bien par cette phrase : « Vouloir le beurre et l'argent du beurre... » C'est une attitude de « Sois parfait » qui veut tout maîtriser, même les contradictions qui exigent des choix. On ne peut pas tout avoir, mais on peut optimiser. Elle s'enferme dans ce rêve, parce qu'elle y trouve un avantage psychologique, la possibilité, le pouvoir de dire que, s'il y a des problèmes, ce n'est pas de sa faute. Elle est pure, irresponsable. Elle a un alibi, une justification. On doit même en plus la plaindre, l'admirer car c'est une victime courageuse, méritante. Si elle s'énerve et provoque des conflits, on ne peut lui en vouloir, dans la situation qu'elle est obligée de vivre, « marche ou crève... », on ne va tout de même pas l'accabler en plus. Non seulement elle est innocente mais méritante. Quel pouvoir d'être victime ! Cette méconnaissance des solutions, qui l'arrange bien, peut d'ailleurs être tout à fait inconsciente. En ce sens, ce n'est vraiment pas sa faute. C'est ce qu'elle vit et croit vrai. Il est préférable, pour résoudre ce cas, de partir de l'idée qu'elle ne manipule pas, mais se trompe sur la réalité.

Comment s'en sortir ?

– Bien distinguer les difficultés réelles et tout ce qui est exagéré.

– Prendre conscience du mécanisme « marche ou crève » et comprendre son issue inefficace, malgré les avantages affectifs et psychologiques qu'il apporte.

– Apprendre à fixer des priorités et des degrés de réalisation pour optimiser les objectifs contradictoires.

– Mettre des systèmes d'organisation qui fixent des critères et des fourchettes, pour préciser officiellement l'optimisation acceptable entre qualité et rentabilité, etc.

– Se mettre d'accord sur un management qui admet les tensions utiles pour l'efficacité.

– Savoir qu'esprit d'équipe et désaccords gérés sont compatibles.

– Comprendre que l'excuse de moindre efficacité ne dure pas longtemps dans l'entreprise, car tous les collègues vivent aussi cette tension et obtiennent malgré tout des résultats.

– Se méfier du soutien dangereux de son entourage (surtout privé) qui va renforcer cette attitude irréaliste.

– Si presque tout le monde trouve qu'il y a des critères trop difficiles, s'organiser et négocier avec le responsable.

1.2 Débordés

Il n'a vraiment pas le temps. Il arrive tôt le matin, avec un programme en tête, bien décidé cette fois à faire cette lettre urgente, passer le coup de fil qui ne peut attendre, rencontrer ce collaborateur qui veut le voir depuis quelques jours (« C'était urgent » avait-il précisé !...) et, bien sûr, il doit aussi assurer le programme obligatoire des réunions, de l'entretien, déjà prévus avec la direction, du déjeuner avec des clients, sans compter les imprévus et les nouvelles urgences. À peine a-t-il pénétré dans le couloir qui mène à son bureau, qu'une de ses collaboratrices l'arrête au passage pour lui parler d'un client important, puis son assistante l'attend avec une liste... Le soir venu, il n'a rien réalisé de ce qu'il espérait pouvoir enfin arriver à faire. Il est tard, il le note dans sa liste de priorités pour demain et prend sa voiture. Le portable sonne... Et demain sera comme aujourd'hui « Débordé », je vous dis... Mais il n'y a pas que les managers.

Bien d'autres vivent cette situation, sans être forcément les managers-responsables dont on parle tant. Il croule, lui aussi, sous le travail ce collaborateur plus obscur, qui n'a guère les moyens de se défendre. La concurrence, la rentabilité, la productivité, que sais-je? En attendant, c'est vraiment la galère, avec le sentiment très angoissant de l'impuissance. « La journée avance et je ne vais jamais arriver à faire tout ce que j'ai à faire », se disent les malheureux « débordés ». De toutes les façons, il est préférable de le dire, même si ce n'est pas vrai tous les jours. Croiser votre patron dans les couloirs, l'air décontracté, en marchant lentement (en flânant?...) et s'il vous demande « Ça va? » et que vous lui répondez « Très bien, on a tout son temps, en ce moment, c'est cool ! », frise l'attitude suicidaire irrécupérable. Chacun sait qu'il est incontournable de répondre : « Ça va mais c'est dur... débordé... mais on va y arriver... » en marchant d'un pas pressé, tendu, n'ayant manifestement pas le temps d'en dire plus... en un mot « débordé ». Lui aussi vous a croisé, rapide, tendu, « débordé ». C'est la loi du milieu. Partir à l'heure le soir est impossible. Il y a trop de travail. Personne n'a d'ailleurs plus le temps de vraiment communiquer : rencontres brèves, entretiens rapides. On n'est pas là pour perdre son temps. Un point clé : ne jamais manger tranquillement, en profiter toujours pour travailler, discuter avec un collègue ou un collaborateur et, bien sûr, répondre à toutes les questions de ceux qui passent et vous interpellent. Tout le monde est agité, tendu, nerveux et, à la moindre occasion, les conflits éclatent.

Qui peut se maîtriser dans une telle ambiance survoltée? Finalement, le travail en souffre et la qualité aussi : peut-on reprocher à quelqu'un de « débordé » quelques défaillances et fautes d'inattention? Votre responsable ne peut pas traiter avec vous ce problème urgent? « Débordé ». Vous ne pouvez pas répondre à ce client furieux de ne jamais vous avoir... « Débordé »... C'est le cycle infernal, dangereux.

Diagnostic

La charge de travail est lourde et la gestion du temps est difficile. Mais chacun sait qu'il existe des personnes qui le vivent efficacement et d'autres qui le vivent très mal. C'est ceux-là que nous désignons dans l'attitude « débordé ». Ils en rajoutent, le cherchent presque, sont nerveux et irascibles. Inconsciemment, se mettant en victime « débordée », ces attitudes d'agitation et de surmenage leur permettent pour une part de fuir leurs responsabilités et de justifier certains échecs. Il est utile de savoir qu'une personne qui vous dit « Je n'ai pas le temps » veut souvent vous dire « Je n'ai pas envie », sans oser l'avouer… C'est un bon moyen de ne pas faire un travail qui ennuie…

Cette attitude est, en général, associée à une liberté excessive et à une absence de normes sécurisantes, ou bien ce bourreau de travail cache un sentiment d'infériorité latent : il a besoin de prouver sa valeur. Il n'en fait jamais assez. C'est souvent un inquiet qui a peur et doute de lui : sentiments qui accompagnent et activent son surmenage. Bien sûr, il irrite et énerve ses collègues et les rend inefficaces, mais il aime bien cette agitation : les Américains parlent de *workaholic*… le travail devient une drogue qui permet d'oublier d'autres ennuis. Cette personne est finalement en dépendance, elle doit être parfaite, toujours en effort. Rien n'est jamais bien réalisé, il faut davantage de qualité. C'est sans fin… Sa réponse au stress est souvent : « Fais des efforts et arrange-toi pour ne pas y arriver aussi bien que tu dois, comme cela tu continueras à faire des efforts et à être content dans ton malheureux surmenage ». Il existe ainsi plusieurs sortes de « débordés » et chacun a son malheur, qui l'empêche d'en sortir.

Comment s'en sortir ?

Vous êtes débordés

– Prendre conscience que d'autres trouvent les moyens pour avoir un rythme soutenu de travail, en restant efficaces et heureux de mener une vie intense. Pourquoi pas vous ?
– Découvrir que vous avez du pouvoir sur l'organisation de vos activités…
– Prendre conscience des phénomènes psychologiques qui accompagnent votre comportement de surmené : culpabilité, se mettre en position de pouvoir refuser des responsabilités, justifier ses échecs, avoir des excuses pour n'avoir que des contacts rapides avec les autres.
– Se donner d'autres messages positifs : « Sois réaliste plutôt que parfait, travaille à ton rythme pour être efficace plutôt que de te fatiguer sans bien réussir, sois heureux plutôt que de cultiver des airs de victime… »
– À partir de là, s'informer des méthodes habituelles d'organisation de son temps et de son travail (livre, stage, etc.) et voir avec son patron ce qu'il est réalisable de faire.

Vous êtes son responsable

– Montrez que vous n'appréciez pas quelqu'un qui est débordé.

– Ne vous laissez pas impressionner par ceux qui prennent des airs débordés pour se faire bien voir de leur responsable.

– Ne jouez pas vous-même à afficher des attitudes de « débordé ».

– Montrez l'exemple de la bonne gestion du temps.

– Rassurez-le en le déculpabilisant et en lui précisant bien les normes suffisantes de qualité pour diminuer son anxiété et son perfectionnisme.

– Aidez-le à mieux organiser son temps, son poste de travail et ses méthodes.

– Voyez avec ceux qui travaillent avec lui comment mieux organiser son poste en amont et en aval.

– Comprenez que lui faire seulement la morale, sans aide concrète, ne peut que l'inquiéter et renforcer son surmenage.

– Vérifiez qu'il ne fait pas tout simplement du cinéma et qu'il a tout le temps qui lui est nécessaire.

2. Les malheureux

Bien sûr, ils sont malheureux et ils sont réellement victimes de tous les ennuis que l'on peut avoir dans le travail. Même, il est vrai que pour certains, ils ont davantage de problèmes à résoudre que les autres. Certains assument cette triste réalité et se battent pour régler des difficultés ou les supporter mieux. D'autres, consciemment ou inconsciemment, en profitent et même exagèrent leurs ennuis. Ce sont eux dont nous parlons en décrivant l'attitude des « malheureux ». Ils aiment parler de leurs malheurs et ils ont la tête de grands malheureux. Nous avons tous remarqué, qu'à l'inverse, il existe des personnes qui ont aussi des malheurs, souvent plus graves et qui n'en parlent pas tant. Eux ils affichent. Nous avons retenu deux exemples typiques. Le premier s'intitule « Gémir ». C'est le type de personne qui ne cesse de voir toujours le côté négatif et vit tout le temps en conflit avec le monde entier qui veut lui faire du mal. Le deuxième affirme sans cesse « Et pourtant, j'ai tout fait… », quand vous commencez à réclamer parce que vous n'avez pas obtenu ce qu'il avait pourtant promis de faire ! Bien sûr, le mécontentement et les conflits ne font que s'envenimer autour de lui.

2.1 Gémir

Un signe qui ne trompe pas : le temps passé à raconter et échanger toutes les histoires malheureuses qui se passent dans le service. Le manager explique aux autres managers, ou à son patron, qu'il est entouré de

> collaborateurs incompétents, démotivés et paresseux. Et chacun de renchérir. Les mêmes collaborateurs lui renvoient bien la balle : ils ont un manager autocrate, incapable de les défendre et qui en veut toujours plus, sans donner les moyens, etc. Et entre collègues, on se raconte la dernière invraisemblable histoire triste... La compétition bat son plein : « Attends j'ai encore plus fort ! Est-ce que tu sais ce qui est arrivé à..., etc. ? » Si par malheur, quelqu'un veut réellement faire changer les choses, par exemple le départ de celui dont tout le monde se plaint sans cesse, on voit tout de suite tous les « gémissants » se mettre à le défendre et affirmer bien haut qu'ils n'ont pas voulu ça. Je ne parle pas des projets de changements de méthodes ou d'organisation dont il convient de se méfier quoi qu'il arrive, même si on se plaint sans cesse de ces méthodes et de cette organisation. On voit même certains alimenter les conflits traditionnels entre fonctionnels et hiérarchiques ou en amont-aval, ou entre fonction différentes : « Simple vengeance, après tout ce qu'ils nous ont fait, on ne va tout de même pas se faire avoir ainsi ».

Tout est bon pour alimenter le conflit et poursuivre ainsi les gémissements.

Diagnostic

Souvent, « les gémissants » éprouvent un certain plaisir à se plaindre et, au fond d'eux-mêmes, espèrent peut-être secrètement pouvoir faire durer ce plaisir. Les rapports de pouvoir « trop flottants » facilitent cette situation, surtout ils s'accompagnent d'un climat de forte insécurité (fusion, rachat, plan social...) mêlée à une liberté excessive. Chacun croit que les autres risquent d'être plus gentils avec eux s'ils se présentent comme des persécutés... Ce qui n'est pas toujours vrai. Ceci leur permet aussi d'encourager l'attitude de persécuteurs-dévalorisateurs, avec tous les profits psychologiques que l'on peut en tirer. Bien sûr, chacun a tendance à exagérer l'importance des difficultés pour mieux se plaindre. Cette agitation verbale est signe de passivité et de peur du changement.

Comment s'en sortir ?

– Passer de l'attitude « se plaindre » à l'attitude « que faire pour régler les problèmes ? »

– Découvrir les limites des avantages obtenus par des gémissements.

– Savoir que les autres se lassent et abandonnent ceux qui se plaignent trop souvent.

– Prendre conscience qu'ils cherchent à se déculpabiliser et à annuler leur propre responsabilité.

– Remplacer les joies de gémir par les joies de résoudre concrètement le problème, même partiellement.

– Réaliser que le temps passé en gémissements peut être utilisé en analyse de problème et recherche de solutions.

– Faire savoir (et le prouver) que ce n'est pas ceux qui se plaignent qui gagnent.

2.2 Et pourtant, j'ai tout fait

> C'est le leitmotiv de cette personne, dès que vous lui faites un reproche, « J'ai tout essayé ». À l'entendre, personne n'a pu autant qu'elle s'engager pour obtenir la réussite, en vain. Les batailles pour un projet sont un classique du genre. Le collaborateur se bat pour faire avancer son affaire auprès de son patron. Celui-ci s'en occupe. Il n'y arrive pas. Le jour où le collaborateur va voir son patron pour l'accord final comme prévu, celui-ci n'ose pas lui annoncer la mauvaise nouvelle. Il se montre accablé et affirme avoir tout essayé pour obtenir le budget et le feu vert de la direction. Pour faire « avaler la pilule » à son collaborateur, ce manager se met en état de victime, en jouant de toutes les cordes. Bien sûr, l'attitude « débordé » rend déjà pas mal de services, accompagnée de l'attitude « et pourtant j'ai tout fait » elles emprisonnent le malheureux collaborateur, qui n'ose pas attaquer un patron qui s'est tellement fatigué pour faire réussir ce projet, sans y arriver.

Sur le moment, cette attitude peut anesthésier l'interlocuteur, mais le réveil n'est que plus violent. Les conflits commencent et ne feront que s'envenimer si le patron renouvelle cette attitude. Mais celle-ci est aussi fréquente dans l'autre sens : le collaborateur va très bien savoir arriver en victime « qui a pourtant tout fait pour y arriver », et même en le croyant vraiment. Bien sûr, les reproches et les conflits arrivent. C'est peut-être encore plus vrai entre collègues. Si l'un n'a pas fait le travail (c'est souvent toujours le même), les autres vont naturellement entrer en conflit avec lui, car il perturbe leur propre travail.

Diagnostic

Le ressort de cette attitude peut se résumer par cette phrase : « On ne tire pas sur une ambulance… » Chacun essaie de tirer de cette attitude des avantages : le manager va s'imaginer que son impossibilité d'aider son collaborateur lui sera pardonnée parce qu'il est méritant et malheureux. C'est bien sûr illusoire, car ce que chacun attend, avant tout, c'est la réussite qui facilite le travail de tous. Se mettre en position de susciter l'indulgence est le pire pour un manager, ne marche pas toujours face à un patron et rarement avec les collègues de travail. Souvent, chacun a cru sincèrement pouvoir y arriver dans les délais voulus, se croyant plus de pouvoir et de capacité ; irréalisme et illusions peuvent être à l'origine de cette attitude, encore favorisée par un contexte de liberté excessive, en particulier s'il y a absence de normes précises et de sanctions claires. La peur et le manque de confiance en soi alimentent cette façon de se protéger en se réfugiant dans l'impuissance. La peur de déplaire fait cacher la réalité de la difficulté ? Chacun croit qu'il va être considéré comme irresponsable s'il est malheureux et qu'il suffit de faire des efforts, de se fatiguer et d'être méritant pour que tout soit accepté par les autres. Prendre les autres par les sentiments ne marche pas toujours.

Comment s'en sortir ?

Son manager

– Obtenir des preuves concrètes de ses affirmations et les vérifier.

– Faire savoir que l'essentiel n'est pas de se fatiguer et d'être méritant, mais d'atteindre les objectifs prévus.

– Mettre des systèmes de normes et d'évaluation exigeants, mais réalistes.

– Ne pas prendre ses désirs pour des réalités.

– Vérifier si on donne bien les moyens suffisants pour ne pas justifier cette attitude.

Celui qui a cette attitude

– Se dire qu'il ne trouvera pas toute sa vie des gens aussi faciles à vivre… Attention aux lendemains qui déchantent…

– Abandonner sa fausse croyance : son échec sera facilement accepté s'il se fatigue et peut être plaint. Les gens veulent de la réussite.

– Se donner un principe positif de vie : sois heureux en réussissant ce qu'il est possible de réussir et en faisant réussir les autres.

– Comprendre le danger de se mettre en position d'être sauvé et de susciter l'indulgence : ce n'est pas une bonne image de marque, même si cela marche un moment.

– Mieux analyser et peser le rapport exact de son influence réelle pour mieux prévoir les chances de bien faire le travail.

– Bien prévoir les moyens et les réclamer s'ils sont insuffisants.

– Demander les délais précis et les critères exacts de réussite.

– Ne pas oublier que certains n'hésitent pas à tirer sur une ambulance, s'ils pensent que ce n'est pas une ambulance.

3. Les malchanceux

Vous les connaissez. Vous avez parfois le sentiment de faire partie de leur club. Ils n'ont vraiment pas de chance, à croire qu'ils attirent sur eux les ennuis. Ce sont les malchanceux. C'est parfois impressionnant. Ils se trouvent toujours au mauvais endroit, au mauvais moment. Il est vrai que la vie est faite d'une bonne part de hasard, c'est-à-dire de réelles chances et malchances, en un mot, la vie est injuste pour tout le monde, mais encore plus injuste pour certains. Nous ne parlons pas de ces victimes-là. Il existe des personnes qui ont, comme tout le monde, des moments de chance et de malchance, mais elles ne savent pas bien saisir leur chance quand elle passe et, en même temps, s'attirent la malchance et les ennuis dans des circonstances où elles avaient de bonnes possibilités de les éviter. Notre premier exemple s'intitule : « Engueulez-moi, merci... » Il dit bien ce qu'il veut dire et ne nécessite pas de grands commentaires. Le deuxième exemple va vous rappeler un début de phrase typique de cette attitude « Seule au monde... » et la personne raconte tous les malheurs provoqués par son environnement hostile et négatif qu'elle est, bien sûr, la seule à ressentir et qui explique tous ces malheurs. Elle termine : je n'ai jamais eu de chance ! Voyons comment elle est la cause de nombreux conflits...

3.1 Engueulez-moi, merci

Une vieille expression de nos grands-mères qui traduisait bien cette attitude « les têtes à claques ! »... du temps où l'on donnait des claques...

> C'est la personne provocatrice. Elle va présenter son opinion, au cours d'une réunion, avec tant de véhémence et d'excès que personne ne va la suivre. Ses maladresses semblent calculées pour provoquer des désaccords et des conflits. Certaines vont plus loin et on les connaît dans le service : s'il y a une erreur, ce sont elles ; s'il y a une réclamation client, ce sont elles !... Et elles vont se plaindre que tout le monde est désagréable et agressif envers elles. « Quand il y a un mauvais coup à prendre, c'est toujours pour moi... » affirment-elles. Ce sont aussi souvent des personnes qui arrivent en retard et finissent par énerver tout le monde. Elles se diront distraites et perdront des documents importants ou oublieront un rendez-vous. Avec elles, les incidents se multiplient. Mais, en même temps, ce qui est typique de cette attitude, on sait qu'elles sont tout à fait capables d'arriver à l'heure, de ne pas être distraites, d'exprimer leur opinion de façon raisonnable.

Elles savent être droites et efficaces. Et puis, à certains moments, le phénomène « malchance » semble les reprendre, comme un rhume malencontreux, surtout si « un persécuteur-dévalorisateur » rôde dans les parages.

Diagnostic

Pour une part, « engueulez-moi... merci... » est un appel maladroit et malheureux à la considération, ou l'art de provoquer les critiques pour avoir l'air d'exister. Tout plutôt que l'indifférence... tel est le ressort important de ce type de conflit. Cette attitude est souvent associée à un climat de travail inquiétant et sévère, chacun ayant peur du lendemain et ne jouissant pas d'une grande autonomie. L'évaluation positive et les compliments encourageants ne sont pas vraiment habituels. Le manque de considération est en général l'attitude adoptée. Le normal n'est pas félicité. Pour se faire remarquer, la personne se pose en victime, en se renforçant dans sa croyance fausse : « Tu n'as jamais eu de chance dans la vie ». Les autres la renforcent en appliquant leur fausse croyance « Critiquer, attraper, sanctionner est toujours efficace ». Le cercle est alors fermé, persécuteur et victime se renforcent dans leur rôle et le problème réel n'est pas traité : le manque d'efficacité de la personne. Que faire ?

Comment s'en sortir ?

Pour la personne « Engueulez-moi... merci... »

– Voir ce qui est de sa responsabilité et ce qui relève de celle des autres.
– Se méfier des avantages recueillis par les « engueulades »... le risque est gros ; les gens vont se fatiguer.
– Bien faire son métier reste encore le meilleur moyen d'être considéré par tous.
– Réfléchir comment elle pourrait trouver, dans sa vie privée, des compensations à son manque de considération au travail.

Pour son manager et les autres

– Ne pas répondre à quelqu'un qui cherche des coups... il en réclamera encore et agira pour en recevoir, au détriment de l'efficacité générale... (ne pas répondre aux provocations verbales...).
– Être organisé et précis avec lui.
– Lui manifester de la sympathie, de la considération et le réconforter à l'occasion...
– Veiller à lui donner un travail à son niveau, pour en faciliter la réussite.
– Savoir punir peut être utile mais peut être aussi inefficace avec certains types de personnes.
– Féliciter même le normal.
– Manifester de la considération dès que l'occasion se présente.
– Éviter les plaisanteries dévalorisatrices pour ne pas l'enfermer dans son rôle.

3.2 Seule au monde

> En effet, elle est seule et perd ses amis. Peu à peu, le vide se fait autour d'elle. Elle crée des conflits et fait des histoires pour un rien et, en retour, ne comprend pas pourquoi elle s'isole et a le sentiment que tout le monde lui en veut et la fuit... Elle se met tout le monde à dos. C'est une histoire assez triste, car elle n'est pas persécutrice. Elle est maladroite et ne sait vraiment pas s'y prendre avec ses collègues, ses collaborateurs ou son manager. Elle dit justement le mot qu'il ne faut pas, sans s'en rendre

compte. Elle en souffre, car elle souhaite avoir de bons contrats, mais elle est désagréable, pas drôle et complique les choses. Pour elle, bien sûr, ce sont les autres qui sont désagréables et ne font pas attention à elle. Elle est dans son coin, elle n'a pas de chance, on ne l'aime pas et elle ne comprend pas pourquoi elle a des dissensions avec les autres à propos de tout et de rien. Bien sûr, c'est son patron qui n'a aucun sens des relations humaines et qui l'empêche de réaliser ce qu'elle veut faire. Ce sont les collègues qui n'ont pas l'esprit d'équipe et ne coopèrent pas. « Il y a une mauvaise ambiance dans notre service » dit-elle... C'est une solitaire misanthrope, source de querelles et d'ennuis.

Diagnostic

Cette personne est « seule au monde » parce qu'elle méconnaît la situation, mais les gens qui l'entourent également, méconnaissance de leur pouvoir réel et donc de la responsabilité. Elle met sur le dos de la malchance, ce qui est de son ressort. Ses interlocuteurs sont eux aussi responsables, car ils l'isolent de plus en plus et c'est le cercle vicieux, car elle ne les encourage vraiment pas à avoir de bons résultats avec elle et eux pensent que tout est de sa faute ! Elle est seule, parce c'est aussi son habitude. Elle se réfugie dans son rêve : « Rien ne va ». Petite, elle devait « bouder » quand on lui faisait de la peine... Au fond, c'est très important pour elle, d'être sans joie et mécontente, cela la rassure et la déculpabilise. C'est la malchance ! Elle devient aveugle à toutes les possibilités de solution et son agressivité lui sert surtout à fuir son problème de solitude. Les autres rentrent dans des jeux de persécuteur-dévalorisateur et renforcent son attitude de victime. La boucle est bouclée. Cette attitude est souvent renforcée par un désir excessif de n'accepter aucune imperfection et, donc, de ne jamais être contente ni d'elle-même ni des autres.

C'est pourquoi cette personne dramatise fortement les erreurs : elle rêve d'une organisation parfaite. Elle espère aussi secrètement que sa malchance lui attirera les sympathies de ceux qui ont bon cœur. Elle espère faire pitié ! Au fond, elle se rêve « seule au monde » !

Comment s'en sortir ?

La personne qui adopte l'attitude « seule au monde »

– Prendre conscience de son désir excessif d'être parfaite et sans faute...

– Se donner un certain droit réaliste à l'erreur...

– Découvrir tout le pouvoir qu'elle a sur l'amélioration du travail.

– Dédramatiser les erreurs et voir la meilleure organisation pouvant dépendre d'elle, sans rêver de changer les autres, il convient de « faire avec »...

– Savoir se plaindre avec précision, en donnant des exemples concret et limités.
– Proposer des exemples de solution laissés au libre choix de ses interlocuteurs.
– Comprendre, avant qu'il ne soit trop tard, que les autres se lassent des « pleureuses »…
– Attendre peu des autres et beaucoup de soi-même pour s'en sortir.
– Sortir du rêve : elle n'est pas seule au monde et elle ne peut rien faire sans quelques accommodements avec les autres.

L'art de recevoir les critiques sans être victime (méthode de l'affirmation de soi)

1. Connaître ses défauts incorrigibles
2. Accueillir avec tranquillité les critiques, être à l'écoute
3. Accueillir la critique justifiée sans se « raidir », c'est-à-dire sans chercher à se défendre, à se justifier ou à contre-attaquer
4. Distinguer les faits et les opinions
5. Refuser d'être mis en catégorie
6. Demander des explications concrètes et refuser les généralités
7. Faire distinguer l'important et l'accessoire (focaliser)
8. Ne pas prendre la critique comme un verdict : coupable et condamné
9. Distinguer points d'accord et de désaccord
10. Faire savoir que la critique a été bien comprise et acceptée
11. Dépasser le reproche proprement dit en élaborant avec l'autre un compromis

Pour avoir davantage de détails, lire le livre de D. Chalvin, *L'affirmation de soi*, ESF éditeur.

Vous travaillez avec cette personne

– Découvrir les options possibles pour elle et avoir des relations avec elle qui facilitent de telles options.
– Découvrir sa propre responsabilité et en quoi son attitude facilite chez elle l'irresponsabilité… en prenant à son compte des responsabilités qui devraient être les siennes.
– Déterminer les actions dépendant de sa responsabilité : il est plus efficace de penser qu'elle a une responsabilité et qu'il existe des moyens d'action.

– Prendre conscience de l'illusion qu'avoir raison enlève toute responsabilité… Avoir raison et obtenir de mauvais résultats n'a, hélas, jamais été efficace… Il ne suffit pas d'être « sans tache »…
– Savoir qu'il est inutile de faire la leçon pour culpabiliser : il est préférable de donner des moyens pratiques pour agir autrement (exemples de comportements possibles, réorganisation, marge de décision, etc.).

4. Les irresponsables

Ils ont bien sûr des ennuis, sèment la discorde et passent un temps non négligeable en dissensions de toutes sortes. Ils ont toujours une récrimination sur le feu… Mais ils ont tous un point commun : ils ne sont pas « dans le coup », ce n'est pas leur affaire, ce sont toujours les autres qui ont quelques responsabilités dans ces affaires. C'est pourquoi la situation n'a aucune chance de s'améliorer et cette attitude est une source importante de conflits ! La première attitude peut s'intituler « Ce n'est pas moi, c'est lui… » comme disent les enfants à leur maîtresse d'école ! Certes, ce ne sont pas les termes employés dans le travail, mais la réalité est sensiblement la même. La deuxième peut être une attitude plus subtile pour se rendre irresponsable de la situation désagréable qu'il vit, il demande conseil, il est impuissant. Les autres vont le sauver, vont prendre sa mauvaise place. Au moins, l'espère-t-il. Nous avons d'ailleurs intitulé cette deuxième attitude : « Fais-le à ma place… »

4.1 Ce n'est pas moi, c'est lui

La victime recherche un bouc émissaire, pour rester dans son rôle de victime tout en étant irresponsable, donc, victime assurée, garantie, professionnelle.

> Son manager fait en général bien l'affaire. « Avec le patron que j'ai, comment voulez-vous que je réussisse ? » Les collègues lui en veulent et l'empêchent de bien faire son travail : ses erreurs, ce sont eux. Si la victime est manager, son bouc émissaire sera ses collaborateurs. Il va dire qu'il est mal entouré et il affirme « qu'avec la bande d'incapables que je suis obligé de traîner comment voulez-vous que j'atteigne mes objectifs ? » Il profite aussi de tous les ennuis qui frappent les autres… « Cette affaire m'a tellement bouleversé. Ma collègue vient de perdre son mari, de façon foudroyante… Je ne peux plus être à mon travail ! » Devant de telles déclarations, c'est être bien méchant et sans cœur que de ne pas en tenir compte. Ainsi, il se met en attitude de victime, sans l'être lui-même, et il en profite ! Voilà comment la victime prend du pouvoir et arrive à ses fins, sans parler de mensonge ou de manipulation, mais simplement d'attitude qui se veut honnête, ce qui est bien sûr plus dangereux, car plus difficile à gérer. Si c'est un manager, le bouc émissaire sera la conjoncture

difficile, les clients qui ne sont plus ce qu'ils étaient. Mais tous ceux qui travaillent avec ces victimes irresponsables commencent à en avoir assez et les querelles vont bon train, car le travail ne se fait pas ou se fait mal.

Cette façon de trouver toujours des excuses, pire, de les mettre en cause sans cesse, commence à exaspérer tout le monde. Bien sûr, la victime se sent encore plus malheureuse et plus irresponsable…

Diagnostic

C'est le type de personne qui se culpabilise pour un rien et cherche à se libérer de sa culpabilité en mettant la responsabilité sur le dos des autres. Sa force de victime est de savoir pratiquer l'art de rendre les autres responsables de ce qui vous arrive, ce n'est pas toujours facile et exige beaucoup d'habileté ! Ces victimes croient que leurs belles paroles leur donnent du pouvoir. Elles se bercent d'une sécurité illusoire. Elles ont peur, se sentent coupables et cherchent à se rassurer.

Elles se croient vraiment trop irresponsables, en tout, et se trompent sur l'efficacité de leurs attaques.

Elles ont de fausses croyances : « Il est possible de rendre les autres responsables de ses erreurs… le bouc émissaire purifie les coupables et supprime les ennuis du système. »

Elles méconnaissent les possibilités réelles de solution et fuient leurs problèmes en étant agressives.

Pour s'en sortir elles doivent comprendre que les boucs émissaires n'ont jamais servi à résoudre honnêtement et sérieusement les problèmes…

Comment s'en sortir ?

Pour la personne qui a cette attitude

– Voir que les gains qu'elle récolte par cette attitude ne durent jamais trop longtemps en général et sont sources d'inconvénients importants pour elle.

– Prendre conscience que son attitude ne peut lui attirer que des ennuis et la poser en victime.

– Analyser ce qui est de sa responsabilité personnelle et agir pour son propre compte, avec ses propres moyens.

– Remplacer le message : « C'est leur faute », par « Qu'est-ce qui dépend de moi… ? »

– Voici ce qu'elle peut faire pour se rassurer et exorciser sa peur, en en parlant à une personne de confiance.

– Ne pas rêver de la perfection au travail : une erreur n'est pas un drame, le monde n'est pas parfait!

Pour son entourage et son manager

– Voir les conséquences désastreuses de son attitude de victime de tout, pour espérer sauver et finalement encourager l'irresponsabilité.
– Laisser passer le défoulement, puis proposer une analyse concrète de tous les facteurs en jeu.
– Ne faire sortir que ce qui est traitable, et pour cela, préparer l'entretien pour savoir à l'avance ce qui va en sortir.
– Rendre les gens responsables en faisant trouver ou en proposant des actions pratiques (pas de solutions miracles...) pour chaque point soulevé.
– Être factuel, précis, concret, réaliste, annoncer que le problème ne peut être résolu que partiellement et que les causes sont nombreuses, complexes et qu'il convient d'agir sur quelques causes où il existe des actions pratiques possibles.
– Peu importe « à qui la faute », l'essentiel c'est que cela aille mieux dans trois mois. Tout le monde y gagne.

4.2 Fais-le à ma place

Une autre façon, peut-être plus subtile, d'être victime irresponsable est de demander conseil, bien sûr de s'arranger pour que, de toute façon, ça ne marche pas, et rester ainsi une victime, très malheureuse. Mais, il arrive que les conseils soient bons et faciles à appliquer!

> Heureusement, notre victime est experte dans l'art de trouver de mauvais conseillers, mieux, de ne retenir des bons conseils donnés que ceux qu'il lui est impossible d'appliquer ou encore transformer le conseil en une action qui ne peut qu'attirer les ennuis. « Vous m'avez dit de parler à mon chef de mes difficultés et le résultat a été catastrophique!... » Bien sûr, il y a plusieurs façons de le faire, elle a choisi la plus mauvaise. La personne ne s'en rend pas toujours compte. Elle espère sincèrement que les autres vont pouvoir se mettre à sa place, et quasiment, agir à sa place. Leur rêve conditionne toute leur attitude : « Fais-le à ma place! » En fait, elle veut passer le problème à l'autre, qui, tôt ou tard, s'en aperçoit et les dissensions commencent! La personne conseillée va dire partout qu'elle n'a fait qu'appliquer les recommandations qui lui ont été données et ce n'est pas sa faute si les résultats sont mauvais. Le conseiller, plein de bonne volonté, se voyant ainsi dénigré, va attaquer à son tour et se défendre, dégoûté. « On m'y reprendra à vouloir l'aider... »

Chacun se renvoie la balle et, pendant ce temps-là, le travail n'avance pas et les problèmes restent, ou bien, certains se mettent réellement à faire le travail à sa place et le sentiment d'injustice grandit...

◗ *Diagnostic*

C'est le type de personne qui est dépendante des autres dont elle attend les solutions à ses difficultés. Cette psychologie de dépendance est la clé pour comprendre son attitude. Elle se croit impuissante et sans pouvoir sur sa vie. Le monde est fatalité et hasard, telle est sa croyance. Dans ce monde hostile qui lui fait peur, elle croit que certains savent et peuvent tout arranger. Elle croit au Père Noël. Elle espère trop des autres, des livres, des méthodes réputées miraculeuses ou des recettes qui prétendent être valables pour toutes les situations (ce qui n'est jamais vrai...). En même temps, ce genre de personne est souvent très séductrice, pour appâter et attirer des conseillers qui attendent avec intérêt de pouvoir exercer leur art. Elle saura les flatter, les mettre au pinacle, en exagérant son impuissance et son malheur. Elle attire les conseillers dans leur piège. Elle saura utiliser à son profit un environnement sympathique où règne un bon esprit d'équipe, et les autres feront le travail à sa place : attention aux bonnes relations humaines, qui, parfois, peuvent malencontreusement encourager cette attitude. D'autant qu'en général, cette personne a un sentiment d'infériorité, elle a peur, elle s'angoisse. Si elle rencontre des collègues qui éprouvent beaucoup de joie à aider, le piège est prêt! En fait, trop l'aider (sauveur) va l'encourager dans sa croyance : « Fais des efforts sans réussir et on t'aidera! » Alors pourquoi chercher à réussir si les autres le font très bien à ma place?

◗ *Comment s'en sortir?*

Pour la personne qui a cette attitude

– Se fixer comme objectif de se mettre à trouver tout seul des solutions à ses problèmes.

– Ne pas trop attendre des experts et de leurs conseils.

– Savoir que seules les solutions qu'elle trouvera légitimes, réalisables, attrayantes et faciles pour elle ont quelques chances d'être appliquées.

– Être conscient que personne ne peut faire le travail à sa place.

– Voir ce qu'il y a d'intéressant, en partie, dans ce que disent les conseillers plutôt qu'attendre tout, puis rejeter tout...

– Poursuivre une analyse plus complète de la situation.

– Abandonner ses complexes d'infériorité en faisant un bilan réaliste de ses points forts et de ses points faibles.

Pour son entourage ou manager

– L'aider à trouver elle-même le comportement utile plutôt que lui dire ce qu'il faut faire.

– Prendre conscience de sa faiblesse et de la réalité de son pouvoir limité.

– Savoir que les conseils aux autres ont une efficacité très limitée…
– Ne pas se laisser appâter et accrocher à la flatterie : « Vous qui êtes si fort… », ni au bon cœur… « J'ai du mal »…
– Poser des questions pour clarifier le problème, écouter, puis aider à analyser.
– Poser, dès le début, les limites de son aide.
– Lui faire comprendre que seule une solution trouvée par elle-même a quelque chance d'être appliquée.

5. Les pessimistes

Qui aurait pensé qu'il suffit parfois de broyer du noir, d'être déprimé, d'affirmer que tout va mal pour prendre du pouvoir, influencer les autres et en tirer un certain profit, tout en affirmant le contraire, toujours victime, toujours malheureux et, dernier point essentiel, sans s'en rendre compte, en un mot, sincère et innocent. C'est notre dernière attitude de victime, assez paradoxale. Bien sûr, elle crée des problèmes, car elle énerve facilement les autres, que ce soit manager, collaborateur ou collègue et les querelles arrivent. D'autant que cette attitude cache souvent des conflits entre le siège et le terrain ou les fonctionnels et les opérationnels. Le premier exemple, intitulé « Ce n'est pas possible » va rappeler à beaucoup une phrase entendue trop souvent, dès qu'un changement est proposé. Le deuxième exemple décrit l'attitude d'une personne qui estime trop difficile ce qui lui est proposé, alors qu'il semble a priori que ce soit tout à fait faisable. Voilà nos deux dernières victimes…

5.1 Ce n'est pas possible

Cette personne arrive « avec une jambe de bois » et vous la montre, en déclarant « Avec ce handicap, ce n'est pas possible, ce que vous me demandez… Demande-t-on de courir à une personne qui a une jambe de bois ? » Évidemment non. C'est ainsi que notre victime prend le pouvoir.

> « Sa jambe de bois » pourra être une baisse momentanée de l'effectif, due à une forte épidémie de grippe, ou une panne informatique. Elle va dramatiser, exagérer son handicap. Ce n'est pas vrai ; elle n'a pas de jambe de bois et on ne lui demande pas de courir, mais, elle, elle le vit ainsi. Elle a réellement une jambe de bois, dans sa tête et « ce n'est pas possible ». C'est une attitude classique du vendeur : l'administration des ventes va lui demander de « remplir des papiers », comptes rendus de visites, frais, etc. Il va exagérer la difficulté de cette tâche, en parlant des journées surchargées (« Ce n'est pas un fonctionnaire, lui… »). Son métier, c'est la vente, le contrat, les relations humaines. Ce n'est pas un « scribouillard ». Il cherche le conflit, il va l'avoir. L'administration des ventes va l'attaquer : la guerre commence ! C'est

> le collègue de travail qui ne connaît pas ce nouvel ordinateur et prétend que ce nouvel appareil ne correspond en rien à l'autre. « Tu exagères ! » lui direz-vous. Et lui, il affirmera bien haut que « ce n'est pas possible » de travailler dans ces conditions-là...

Diagnostic

« Ce n'est pas possible » ou l'art exagérer un handicap personnel pour se trouver un alibi à son inaction, et s'en faire un bouclier pour ne pas résoudre ses problèmes... Cette attitude se développe si la personne ne se sent pas en sécurité et qu'en même temps elle jouit d'une liberté excessive. Elle ne se sent pas très sûre d'elle-même, elle a peur et ressent des craintes qui la paralysent. Elle sera encouragée dans cette attitude si son patron ou ses collègues la prennent au sérieux et se mettent à la plaindre, ou à l'inverse, s'ils blaguent et se moquent d'elle. Elle sera encore plus inquiète et anxieuse, et se sentira de plus en plus incapable de mener à bien sa tâche... Mais si on est trop indulgent avec elle, ce qui a dû se passer, elle cultive la croyance : il suffit de dire « ce n'est pas possible » et on me laisse tranquille.

Comment s'en sortir ?

Pour la personne qui affirme « ce n'est pas possible »

– Découvrir sa peur excessive et les conséquences graves pour elle de cette peur sans fondement.

– Comprendre qu'elle agit ainsi pour se protéger.

– Découvrir que cette attitude peut être dangereuse pour elle car d'autres accepteront le travail, et elle sera laissée de côté... ce qu'elle ne veut pas.

– Sortir de son complexe en suivant des stages de formation où elle rencontrera en groupe d'autres personnes qui ont les mêmes problèmes et s'en sortent...

– Analyser de façon réaliste ce qu'elle sait faire et ce dont elle est capable, le possible et le difficile.

Pour les personnes qui travaillent avec elle

– Prendre conscience des mécanismes de sauveur qui gênent la relation avec elle et renforcent l'attitude de victime de leur interlocuteur.

– Savoir que la bonne volonté ne suffit pas, des techniques d'amélioration et de pédagogie des adultes existent.

– Comprendre les ressorts de l'attitude « ce n'est pas possible » et les avantages qu'elle y trouve à faire la pessimiste.

– La mettre devant la réalité, même si elle est dure, si elle n'y arrive pas, voilà les conséquences pour elle : salaire, promotion, etc.

– Voir l'aide concrète et réelle qu'il est possible de lui apporter.
– Investir de son temps pour l'aider à réussir certaines expériences. S'appuyer sur elle pour développer son efficacité.

5.2 Je n'y comprends rien

C'est la personne, qui, tout à coup, ne comprend rien, alors qu'en général, elle comprend facilement. Elle devient « stupide ». Le point clé : un décalage entre le niveau d'intelligence habituelle de la personne et sa prétention de ne rien comprendre alors que ce que vous lui expliquez est largement de son niveau. « Je ne comprends pas », « c'est trop fort pour moi », « je ne suis pas au niveau » sont les leitmotivs typiques de cette attitude de victime.

> C'est une attitude classique entre le siège et le terrain. Les services du siège (à Paris) ont parfois tendance à considérer le personnel des usines (en Province) comme des personnes qui ne comprennent rien, par exemple, aux problèmes de ressources humaines, sont réactionnaires et conservatrices. Et les procès d'intention alimentent les querelles. Ils ne comprennent pas nos documents, pourtant très clairs, parce qu'ils ne veulent pas comprendre. Et le personnel des usines renvoie bien la balle. « Comment voulez-vous que l'on applique des politiques (toujours les grands mots !) que nous ne comprenons pas et ne correspondent pas à ce que nous faisons ? »… « Leurs positions sont incompréhensibles ! Et le siège d'alimenter le conflit en répondant : ils ne se donnent pas « vraiment la peine de comprendre ; ils ne lisent pas ce qu'on leur envoie, etc. » Qui a raison, qui a tort ? La situation est ambiguë et chacun a en partie tort ou raison. Et les conflits entre le siège et le terrain se poursuivent allégrement. Et chacun de penser : mais je ne comprends rien, nous sommes pourtant clairs. Il ne faut pas mélanger cette attitude de victime avec celle d'un manager qui lui explique un projet ou fait un compte rendu de ces activités « Je ne comprends pas ce que vous dites ». En ce cas, chacun sait que cela veut dire « Vous vous exprimez mal et vous n'êtes pas clair ». Il ne s'agit pas d'une attitude de victime. En revanche, le manager qui se sent impuissant devant un problème de démotivation de son personnel et s'écrie « Je n'y comprends rien, j'ai pourtant tout fait ce qu'il fallait et ils ne me suivent pas… » a de bonnes chances de se poser en victime, trop pessimiste.

C'est en effet une attitude fréquente des managers devant les problèmes humains qu'ils doivent gérer dans leur service. Bien sûr, cela n'arrange rien, querelles, dissensions et conflits se poursuivent, sans être réglés. Et chacun de continuer à affirmer « Je n'y comprends rien… »

Diagnostic

« Je n'y comprends rien » est le type de conflit dont l'origine est le refus inconscient de réfléchir. C'est le piège classique de l'homme d'action « qui n'a pas le temps », « se refuse aux théories » disent-ils. Est-ce si sûr? Que cache cette peur de penser, d'analyser et de comprendre? Peur de prendre partie? Peur d'être seul? Peur de trop bien comprendre et d'être remis en cause ou d'être obligé d'agir autrement? C'est une façon de se cacher la réalité et de rêver. Cette attitude est bien entretenue par un environnement qui espère trop de compréhension de ses interlocuteurs, est sûr d'avoir raison, craint des explications trop précises, n'est pas sûr de son pouvoir et s'enferme dans la dialectique « J'ai raison, il a tort… comment travailler avec des types pareils, qui ne comprennent rien à rien… » Et les autres de répondre : « Puisque vous pensez que nous ne comprenons rien à rien, nous allons vous donner raison… oui, on ne comprend rien! » Et la situation reste bien fermée. « Je n'y comprends rien » apporte ainsi pas mal d'avantages qui renforcent encore cette attitude. On peut ainsi refuser et ne pas être d'accord, sans le dire ouvertement.

Comment s'en sortir?

Pour la personne qui a cette attitude

– Prendre conscience des inconvénients de cette attitude, en particulier, des énervements et tensions qu'elle provoque.

– Analyser les peurs cachées derrière cette protection.

– Voir pour chacune les protections pratiques qui peuvent être utilisées.

– Se donner des messages efficaces : « Réfléchis, prends position, prends le risque de donner ton avis, tu en es capable… les autres ne sont pas si dangereux; tu peux faire face directement, sans prendre des airs de victime pour te protéger ».

– Apprendre à négocier, à s'affirmer positivement pour agir en commun avec les autres.

Pour son manager et ses collègues

– Comprendre qu'il ne s'agit pas seulement d'une incompréhension due à une mauvaise communication.

– Comprendre le mécanisme du conflit et le stopper dès le début.

– Voir que le manager ou ses collègues sont aussi responsables du conflit, il n'y a pas que l'autre qui a tort, chacun en a sa part.

– Être plus réaliste dans ses espérances de concertation, coopération et participation.

– Comprendre les comportements adaptés qui vont le décider à travailler en commun, en traitant les causes du refus et non pas la compréhension.

– Mettre en route de la créativité sur les divers moyens pratiques de susciter la participation : il n'y a pas qu'une seule façon de faire!

6. Pour résumer

C'est certainement le cas le plus difficile à traiter, car penser qu'une victime puisse être cause de querelles et conflits, donc responsable, sinon capable, est difficile à accepter. Nous avons tous la « tentation de l'innocence » selon l'expression du philosophe Pascal Bruckner (cf. bibliographie). D'autant que l'attitude de victime a deux facettes fort contrastées : la malheureuse et la provocatrice (cf. chapitre 1). Nous avons vu de nombreux exemples et une grande variété d'actions possibles. En résumé, quelles sont les principales conduites à tenir pour s'en sortir ?

Si vous êtes tenté par l'attitude de victime, ne vous faites pas trop d'illusions, vous avez pu un moment en tirer quelques satisfactions, mais vous ne trouverez pas toujours de sauveurs pour vous tirer de là. Arrêtez pour autant de voir des persécuteurs partout, pour vous trouver de bonnes excuses à ne rien faire. N'oubliez pas qu'avoir de bons résultats est encore le meilleur moyen d'être apprécié et entouré. Prenez goût à la réussite. Elle est possible sans forcément écraser les autres, en étant honnête et respectueux des autres. Elle est possible, en visant des objectifs à sa mesure, tenant compte de ses goûts et ambitions, mais aussi de ses capacités et de son environnement. Vous le savez, vous l'avez déjà expérimenté.

Si vous êtes en face d'une victime, séparez bien ce qui relève de l'attitude de victime (telle que décrite ici) de ce qui est objectivement des événements malheureux, pour lesquels vous allez agir au mieux. En revanche, n'encouragez pas l'attitude nocive de victime, en étant sauveur ou persécuteur. N'écoutez pas trop longtemps les « jérémiades ». Sachez lui couper la parole pour la centrer sur son problème présent, en lui donnant des occasions de réussite et de bons résultats. Vous lui montrez que c'est plus « payant » que de faire la victime.

Conclusion

En cette période difficile où il apparaît nécessaire d'avoir de bonnes réserves d'énergie pour faire face aux difficultés quotidiennes, il est de plus en plus indispensable d'avoir des moyens simples et efficaces pour ne pas perdre son temps (et justement son énergie) en querelles vaines et autres dissensions inutiles.

Les problèmes à résoudre tous les jours sont de plus en plus nombreux et par conséquent les désaccords sur les différents moyens à mettre en œuvre pour trouver des solutions applicables. Là aussi, il est décisif d'avoir des méthodes pratiques pour aborder les débats avec sérénité, débarrassés des parasites irrationnels qui faussent les discussions.

Ce livre va vous permettre de diminuer les querelles inutiles et d'aborder avec tranquillité les nécessaires discussions conflictuelles. Pour cela, vous l'avez vu en lisant cet ouvrage, il vous est proposé d'adopter des comportements différents, sans pour autant vous demander de changer de personnalité, mais, au contraire, de mieux savoir jouer de votre propre caractère. Car, vous l'avez expérimenté, l'issue efficace n'est pas trouvée en rêvant de modifier le comportement des autres (« Moi, ça va... le problème, c'est les autres ! »). Il faut d'abord s'interroger sur ses propres comportements. Car c'est en réussissant à modifier son comportement, que l'on arrive à provoquer une modification de comportement chez l'autre. Ce livre vous donne de nombreux exemples d'actions possibles pour mieux vous en tirer en cas de conflits. À vous de choisir celles qui vous semblent les plus efficaces et les plus adaptées à votre situation personnelle.

À vous maintenant de réécrire ce livre avec votre propre vie.

Deuxième partie

METTRE EN PRATIQUE

EXERCICE 1

Découvrir les origines cachées des conflits

Êtes-vous persécuteur, sauveur ou victime ?

Dans la vie quotidienne, avez-vous parfois des comportements qui sont signes de tendances persécuteur, sauveur ou victime ?

Il est préférable que vous n'ayez pas lu le chapitre 1. Mais si vous l'avez lu vous avez vu que certaines tendances à être persécuteur, sauveur ou victime peuvent provoquer des conflits, gêner leur traitement et empêcher une issue positive. Vous avez sans doute déjà une idée de la tendance qui vous est le plus naturel ou des tendances différentes que vous privilégiez selon le type de conflits et les interlocuteurs avec qui vous êtes en désaccord. Ce questionnaire va vous aider à poursuivre cette analyse, à préciser davantage et ainsi, à être plus lucide sur vous-même. Comme vous le savez, c'est une étape décisive pour développer des attitudes qui permettent plus facilement de trouver une issue au conflit.

Vous répondrez déjà sur ce que vous pensez de vous-même. Il peut être également très utile de demander à un témoin de confiance qui vous connaît bien, de donner son opinion.

		Vous-même		**Un témoin**	
		Plutôt vrai	**Plutôt faux**	**Plutôt vrai**	**Plutôt faux**
1	Je n'aime pas tellement prendre des responsabilités, cela me fait un peu peur.		X		
2	Il suffit qu'on veuille m'imposer quelque chose pour que je n'aie plus envie de le faire.	X			

		Vous-même		Votre ami(e)	
		Plutôt vrai	Plutôt faux	Plutôt vrai	Plutôt faux
3	Les gens viennent souvent me voir pour me demander des conseils. J'en suis heureux mais je suis triste de voir qu'ils les suivent rarement.		X		
4	Je suis maladroit plus souvent que je ne voudrais et je vexe les âmes sensibles.	X			
5	Si je ne pouvais plus dire du mal des autres, il n'y aurait plus de conversations possibles.	X			
6	Au travail, il y a beaucoup de gens plus forts que moi qui savent mieux se débrouiller pour obtenir ce qu'ils veulent.	X			
7	Contrairement à ce que certains croient, il est possible de transmettre son expérience personnelle pour aider les autres. En tout cas, c'est comme cela que j'aide les gens.	X			
8	J'ai de la volonté et j'exige beaucoup de moi pour arriver à mes fins. Autrement on n'arrive à rien.	X			
9	Je suis généreux et je prête facilement mes affaires. Bien sûr certains en profitent, mais il vaut mieux ça qu'être égoïste.		X		
10	Je suis sensible et j'avoue que les critiques que me font les autres ont beaucoup d'importance pour moi.	X			
11	Il m'arrive d'accepter trop facilement un travail pour rendre service et du coup je suis en surcharge.	X			
12	Il y a des moments où je dois faire effort pour me maîtriser, il y a vraiment des gens insupportables.	X			
13	Il m'arrive de ne pas oser dire non, alors que je devrais refuser et que ce qui m'est proposé ne me plaît pas vraiment.		X		
14	Je ne suis pas le genre à me laisser faire, si on veut m'imposer ce que je ne veux pas.	X			
15	J'ai du mal à accepter d'avoir tort et j'aime prouver que j'ai raison, même s'il faut insister.		X		
16	Je ne supporte pas que les choses ne se passent pas comme prévu et je montre que je ne suis pas content.	X			

		Vous-même		Votre ami(e)	
		Plutôt vrai	Plutôt faux	Plutôt vrai	Plutôt faux
17	On me dit parfois que je suis trop gentil avec les gens et que je me fais avoir. Je trouve qu'il vaut mieux être ainsi que le contraire.	~			
18	Je suis très bon pour vérifier ce qui ne va pas. Tout le monde reconnaît que j'ai l'œil. Je n'y peux rien, je vois tout naturellement le détail et l'erreur.	~			
19	Quand on me cherche on me trouve. J'aime la bagarre et la confrontation.	X			
20	Je ne supporte pas l'autoritarisme que manifeste n'importe quel « petit chef », dès qu'il est investi d'un peu de pouvoir.	X			
21	J'ai ce que l'on appelle un franc-parler et je ne crains pas de dire en face ce que je pense.	~			
22	Il faut savoir rendre service, même si on n'en a pas envie. C'est vrai que les gens ne vous sont pas souvent reconnaissants et c'est dur.	~			
23	On me trouve un peu trop discret et modeste : je reste plutôt sur la réserve dans un groupe.	X			
24	Je n'aime pas expérimenter moi-même certaines solutions auxquelles je pense, sans avoir, au préalable, demandé l'avis de personnes compétentes. C'est plus sûr.		X		
25	Certains me trouvent agressif, mais je ne vois pas pourquoi je cacherais ce que j'ai à dire quand je ne suis pas d'accord.	X			
26	Je suis tolérant et indulgent, pour les erreurs des autres, cela facilite les relations et arrange bien des choses.	X			
27	Il ne faut pas attendre que les gens vous le demandent pour les aider. Il faut savoir aller au-devant d'eux pour les réconforter.	?			
28	Je ne supporte pas que quelqu'un ne soit pas là à un rendez-vous, quand il a promis, cela me met en colère et il va m'entendre.		X		
29	Je suis très sensible à ce que les autres pensent de moi car j'aime être apprécié et avoir de bonnes relations avec tous.	X			

		Vous-même		Votre ami(e)	
		Plutôt vrai	**Plutôt faux**	**Plutôt vrai**	**Plutôt faux**
30	Je suis irrité si une personne recommence une nouvelle fois une même erreur, alors que je lui avais déjà fait une remontrance. Elle pourrait faire attention, quand même.	X			
31	Je suis plutôt influençable, surtout par les personnes qui sont vraiment plus fortes que moi ou que j'apprécie. Je le regrette parfois.	~			
32	Quand je vois quelqu'un de malheureux, j'ai naturellement envie de l'aider et de lui porter secours.		X		
33	Je suis impatient et je comprends vite, aussi, j'ai tendance à couper la parole à mon interlocuteur.	X			
34	J'aime les gens décidés et engagés. Les indécis m'énervent à toujours peser le pour et le contre sans oser prendre de risques.	~			
35	J'aime mon indépendance et je ne supporte pas que l'on se mêle de mes affaires à tort et à travers.	X X			
36	J'ai du mal à me débarrasser de certains principes qui pourtant me paraissent dépassés et ne m'aident pas dans la vie. Ce n'est pas simple.	X			
37	Je ne pense pas que le conflit est une bonne chose : les disputes me fatiguent et je rêve d'un monde où tout serait harmonie et gentillesse.		X		
38	J'aime bien me moquer des gens, c'est plus fort que moi. Cela me crée parfois des ennuis.		X		
39	J'aime bien provoquer les gens pour voir ce qu'ils vont faire. Cela me vient naturellement.		X		
40	J'ai beaucoup souffert dans ma vie et je garde des blessures qui ne sont pas encore refermées. Cela me rend trop sensible et fragile.		X		

Corrigé p. 167

Attention ! Avant d'aller voir les résultats de ce questionnaire, il est intéressant pour vous d'indiquer l'opinion que vous avez de vous-même. Vous pourrez ensuite confronter cette opinion avec les résultats du questionnaire.

Lors des dernières disputes qui ont eu lieu avec moi et d'autres personnes ai-je été :

1) Persécuteur ?

Si oui, qu'est-ce qui m'a amené à agir ainsi ? Quels sont les circonstances et les contextes qui ont tendance à me rendre persécuteur ?

2) Sauveur ?

Si oui, qu'es–ce qui m'a amené à agir ainsi ? Quelles sont les circonstances et les contextes qui ont tendance à me rendre sauveur ?

3) Victime ?

Si oui, qu'est-ce qui m'a amené à agir ainsi ? Quels sont les circonstances et les contextes qui ont tendance à me faire prendre une attitude de victime ?

Est-ce que je préfère :

– l'attitude de victime provocatrice ?

– l'attitude de victime malheureuse ?

Reconnaître l'attitude de votre interlocuteur

Durant la dernière querelle que vous avez vécue, est-ce que votre interlocuteur était plutôt persécuteur, sauveur ou victime ?

Vous utiliserez ce questionnaire et vous imaginez les réponses que ferait cette personne si on lui demandait de le remplir. Vous pouvez confronter votre opinion avec d'autres personnes pour avoir un jugement plus objectif.

Reconnaître les représentations illusoires

Ce questionnaire va vous permettre de mieux cerner le type de représentations irréalistes que vous risquez de développer durant vos querelles et dissensions. Vous aurez aussi la possibilité de mieux connaître les types de représentations irréalistes de vos interlocuteurs.

Vous remplissez deux questionnaires différents, un pour vous, un pour l'autre.

Vous répondez à la question : Dans la vie de tous les jours et, en particulier, au moment d'un conflit, à moi (ou à mon interlocuteur) il est arrivé d'être...

		1	2	3	4
		Ce n'est pas du tout lui (moi)	**Cela lui (me) ressemble**	**Cela lui (me) ressemble un peu**	**C'est tout à fait lui (moi)**
1	Influençable				
2	Défaitiste				
3	Dévalorisateur				
4	Autosatisfait(e)				
5	Désabusé(e)				
6	Triste				
7	Méfiant(e)				
8	Désespéré(e)				
9	Agressif (ve)				
10	Veut plaire				
11	Démissionnaire				
12	Victime				
13	Injuste				
14	Inférieur(e)				
15	Élude				
16	Généreux (se)				
17	Exigeant(e)				
18	Soumis(e)				
19	Manque d'assurance				
20	Sévère				
21	Humble				
22	Fermé(e)				
23	Énergique				
24	Serviable				
25	Fuit				
26	Geignard(e)				
27	Arrangeant(e)				
28	Ironique				
29	Rebelle				
30	Susceptible				
31	Laisse faire				
32	Coupable				
33	Inquiet				
34	Orgueilleux (se)				

		1	2	3	4
		Ce n'est pas du tout lui (moi)	Cela lui (me) ressemble	Cela lui (me) ressemble un peu	C'est tout à fait lui (moi)
35	Passif (ve)				
36	Cassant(e)				
37	Pessimiste				
38	Peureux (se)				
39	Méprisant(e)				
40	Colérique				
41	Résigné(e)				
42	Rêveur (se)				
43	Prétentieux (se)				
44	Sceptique				
45	Soupçonneux (se)				
46	Arrogant(e)				
47	Déprimé(e)				
48	Critique				
49	Timide				
50	Naïf (ve)				
51	Condescendant(e)				
52	Gentil (le)				
53	Admiratif (ve)				
54	Persécuteur (trice)				

NB : « Lui » représente mon interlocuteur durant le conflit.

Corrigé p. 168

2 EXERCICE

Comment s'en sortir ?

S'entraîner à tenir compte du rapport de forces dans un conflit

Vous remplissez ce tableau, seul ou en groupe. Vous avez 10 points à répartir entre vous et votre interlocuteur avec qui vous êtes en conflit, résumant votre analyse qualitative.

Sources de pouvoir	**Moi**	**L'autre**	**Observations**
Moyens (budget, etc.)			
Type de personnalité			
Compétences techniques			
Résultats obtenus et reconnus			
Capacité à trouver du temps ou dispose de temps			
Très proche du milieu de travail touché par le conflit			
Possède des informations rares			
Bien placé pour transmettre facilement les informations			
A des informations qui peuvent diminuer l'incertitude			
Connaît bien les lois, us et coutumes			
Est chargé d'indiquer les règles, les façons de faire			
A des liens avec des personnes bien placées			
Bonne place dans la structure			

Autres sources de pouvoir : ....
....
....

Conclusion pour régler le conflit :
– si je suis le plus fort, je peux jouer d'arguments d'autorité (ou si c'est l'autre le plus fort) ;
– si je suis à peu près à égalité, je peux jouer la bonne communication pour arriver à s'entendre ;
– si c'est très variable selon les moments, je négocie en me renseignant sur les bonnes méthodes.

Pas de corrigé type

S'entraîner à sortir son interlocuteur de ses fantasmes de supériorité, lors d'une dispute

Jeux de rôle

L'un va mimer la personne très sûre d'elle-même et se sentant supérieure. L'autre va l'attaquer, en lui exprimant son désaccord, suivant une des méthodes de l'affirmation de soi. Des observateurs notent si les points suivants sont bien appliqués. Voici quelques exemples d'attitudes affirmatives :
– le regarder dans les yeux, sans provocation ;
– éviter les comparaisons ;
– ne jamais l'humilier ou lui faire perdre la face ;
– le laisser parler ;
– écouter (prendre des notes éventuellement) ;
– préciser vos sources de pouvoir à l'occasion ;
– éviter l'humour et l'ironie ;
– rester fermé, tranquille et patient ;
– découper le problème en plusieurs désaccords à traiter séparément ;
– commencer par le désaccord le plus faible ;
– finir par le désaccord le plus faible ;
– obtenir un premier arrangement ;
– refuser les jugements simplistes (mise en catégorie) : il y a eu une erreur une fois, ce n'est pas tout le temps des erreurs ;
– donner des descriptions concrètes, avec preuves ;
– demander des descriptions concrètes, avec preuves ;
– refuser les généralités ;
– ne pas refuser les attaques et les critiques, au contraire, mais exiger des faits indiscutables ;
– classer ce qui est important et accessoire et discuter pour trouver un accord sur ce classement ;
– faire la liste des points d'accord et des désaccords ;
– donner des idées concrètes de solutions qui peuvent être assez facilement acceptées, les décrire concrètement, etc.

Discussion de groupe et mise en commun des expériences de chacun sur les méthodes utilisées avec les personnes qui se croient supérieures.

Travail individuel

Vous vous exercez à adopter ces attitudes dans la vie, avec des personnes qui se croient supérieures et vous voyez les résultats.

Pas de corrigé type

Comment diminuer les réactions au stress de son interlocuteur au cours d'un conflit

Vous avez lu le chapitre 2, les 5 types de réactions les plus pratiques :

1er type : vouloir trouver vite une issue, trop vite (agité) ;

2e type : vouloir se maîtriser à tout prix, se contrôler quoi qu'il arrive (fermé ou blagueur) ;

3e type : chercher des solutions sans faille et sans compromis (utopique) ;

4e type : vouloir être arrangeant et gentil (trop gentil) ;

5e type : se donner du mal, sans compter sa peine, pour arriver coûte que coûte à trouver une issue et pourtant sans y arriver (fatigant).

Voici quelques exemples de comportements qui aident son interlocuteur à diminuer son stress, et par là, à être plus serein pour trouver un arrangement avec vous. Vous indiquez quel type de stress peut être diminué par le comportement indiqué. Vous mettez une croix.

Exemples de comportements		Type de stress				
		1	2	3	4	5
1	Je cherche quelle est sa motivation et son besoin réel					
2	Je parle des actions à mener					
3	Je ne le remercie pas pour sa gentillesse et je n'en abuse pas					
4	À quelle heure voulez-vous partir?					
5	J'encourage ses idées personnelles					
6	Je lui parle quand il en a envie et le laisse s'exprimer comme il veut					
7	Voyons ce qu'il faut faire à court terme					
8	Je n'hésite pas à blaguer					
9	Je ne l'encourage pas à préciser davantage					
10	Je n'insiste pas sur ses torts et ses faiblesses. Je les comprends					
11	Je suis calme et organisé					
12	Je suis le moins solennel possible					

Exemples de comportements		Type de stress 1	2	3	4	5
13	Je lui dis le temps dont on dispose					
14	Je le mets à l'aise et je le rassure					
15	J'oriente vers les possibilités réelles et les résultats concrets envisageables					
16	J'encourage toute réussite vers une solution, même modeste					
17	Soyons clairs : il y a 3 points de désaccord					
18	Je ne me laisse pas séduire					
19	Je m'arrange pour avoir des engagements écrits					
20	Je le prends très au sérieux					
21	Je prépare le contact, avant de le voir					
22	Je centre la discussion et je simplifie					
23	Je réfléchis et discute avec lui en association d'idées plutôt qu'en logique					
24	Je suis correct et réservé					
25	Je n'encourage pas son côté blagueur					

Corrigé p. 169

Comment aider son interlocuteur à sortir d'un blocage ?

Discution de groupe sur un cas

Une personne raconte une dispute qu'elle a pu avoir avec quelqu'un, elle explique les difficultés qu'elle rencontre à trouver une solution à ce désaccord ; elle décrit les comportements qu'elle a dans cette affaire où elle n'arrive pas à trouver des solutions (blocage).

◆ **Le groupe trouve avec elle le degré de blocage**, en partant des explications indiquées dans le chapitre 2, qui peuvent être résumées ainsi :

4e degré : blocage le plus élevé
– colère et irritation contre les autres pour n'importe quoi ;
– repli sur soi, insomnie.

3e degré : blocage élevé
– surmenage et agitation ;
– actions désordonnées, dans tous les sens.

2e degré : blocage moyen
– recherche excessive de conseils et de recettes toutes faites ;
– dépendance d'un modèle ou d'une méthode réputée miraculeuse.

1er degré : blocage le moins élevé
– tendance à remettre à plus tard les quelques velléités de solutions envisagées ;
– passivité et inaction.

◆ Descendre les degrés

En suivant ce qui est présenté au chapitre 2, le groupe aide la personne à descendre les degrés pour arriver au 1er degré et ensuite aux analyses qui donnent des idées d'options, comme montrent les exercices 3, 4 et 5.

◆ La mise en scène

Si la personne est « très bloquée », lui demander de devenir scénariste, metteur en scène et réalisateur. Elle met en scène son conflit, en demandant à ses collègues du stage de mimer ce qui lui est arrivé. Elle corrige les comportements des uns et des autres qui miment eux-mêmes en face de son interlocuteur dans le conflit. Les précisions qu'elle indique pour faire jouer son conflit, l'aident à en parler et l'amènent plus facilement à le préciser et le comprendre.

Pas de corrigé type

Les agissements multiformes des persécuteurs

Identifiez le style de persécuteur

Au cours des conflits, quel genre de persécuteur êtes-vous? Quel genre de persécuteur subissez-vous? Vous notez le degré de fréquence des types de conflits suscités et subis.

0. Jamais – 1. Parfois – 2. Souvent – 3. Très souvent

	Au cours des conflits	
Types de persécuteurs	**Moi**	**L'autre**
La critique systématique		
Les mauvaises langues		
L'amnésique		
Trop poli…		
Le bras de fer		
Cette fois, je te tiens		
Au pied		
Incitation au meurtre		
Dramaturgie		
L'appeau		

Étude de cas

Étude d'un cas de conflit initié par des attitudes de persécuteurs.

Récit : « Battez-vous »

Le directeur du département marketing Duroc souhaite procéder à une réorganisation de sa structure. Les deux cadres concernés Michel et Dominique, responsables des secteurs produits et publicité, s'isolent une demi-journée avec lui pour déterminer le nouveau partage des responsabilités.

Malgré les personnalités très affirmées des uns et des autres, le trio travaille efficacement; à midi, le travail est presque fini. Ne subsiste qu'un petit problème : où placer le service responsable de la gestion des données chiffrées? Quatre personnes travaillent, chez l'un, sur les chiffres et cinq personnes chez l'autre. Chacun s'accorde à reconnaître la synergie représentée par un seul service qui regrouperait les statistiques. Mais à qui le confier?

Le directeur consulte sa montre. Il doit partir et il n'a pas envie de prendre une décision qui risque de déplaire à l'un des deux : « Je vous fais confiance pour régler le problème entre vous. Mettez-vous d'accord et remettez-moi sans tarder la solution négociée à laquelle vous êtes arrivés. Vous m'avez prouvé que vous pouviez vous entendre, continuez... D'ailleurs, cette affaire vous concerne tous les deux et je ne souhaite pas m'immiscer dans votre arrangement. »

Très vite, le ton de la discussion monte entre les deux hommes. L'information statistique représente une telle source de pouvoir que le conflit est inévitable. Ni l'un, ni l'autre ne peuvent en fait prendre cette décision qui ne peut relever que de la direction.

« Quelle belle occasion pour une bagarre, n'est-ce pas?, soupire le responsable publicité, Michel. Il doit bien rire en pensant à notre bagarre!...
– Oui. Le boss nous met dans un rôle de situation. C'est à lui de trancher et de prendre ses responsabilités. Pas à nous de nous disputer pour un sujet que nous ne pouvons pas négocier.
– Tu parles. C'est trop facile de s'écarter du jeu quand il devient brûlant.
– Ne changeons rien et attendons de le revoir. »

Quelques jours après, le directeur revoit ses deux cadres :

« J'ai appris que vous n'aviez pas trouvé d'accord. Je suis très déçu. Encore une fois, vous n'avez pensé qu'à vous battre et pas à trouver ensemble une solution. Vous manquez parfois de maturité.

– Mais vous, quel est votre avis sur le point qui nous sépare?

– Je n'ai pas d'avis à donner sur un tel sujet. Je vous donne un objectif dans l'intérêt de la société et j'attends que vous me proposiez des solutions. Trop facile de me faire jouer le rôle d'agent de police. »

Dans les couloirs, après coup, les deux cadres plaisantent :

« Quel trouillard!

– Tu parles d'un directeur. Aucune qualité de décision et, manipulateur, il veut diviser pour régner mais il ne va pas nous avoir comme ça!... »

Dans son bureau, Duroc soupire. « Il faut toujours tout faire et prendre les décisions ennuyeuses!... On ne peut pas faire confiance... Quel métier! »

Comment s'en sortir ?

Vous appliquez la méthode décrite dans ce livre pour trouver des options d'actions possibles pour Duroc, Michel et Dominique. Vous trouvez ces idées d'options : en analysant les différents points clés du conflit (chapitre 1) et pour chacun d'eux, vous appliquez la méthode « Comment s'en sortir » (chapitre 2).

Traiter les facteurs souterrains

1. Trouver des parades aux attitudes initiatrices de conflits : Options.
2. Tenir compte des rapports de force : Options.
3. Agir en fonction des sous-entendus : Options.
4. Ne pas profiter des fragilités et savoir défendre : Options.

Gérer les causes personnelles peu visibles

1. Répondre aux messages des sentiments et des émotions : Options.
2. Sortir de ses représentations irréalistes et se faire une idée objective de sa situation : Options.
3. Développer des réactions efficaces au stress : Options.
4. Réduire les blocages : Options.

Ainsi, vous trouvez une liste des exemples d'options :
- pour Duroc ;
- pour Michel et Dominique.

Corrigé p. 170

4 EXERCICE

EXERCICE

Les dangers cachés des sauveurs

Identifiez le style de sauveur

Au cours des conflits, quel genre de sauveur êtes-vous ? Quel genre de sauveur subissez-vous ?

Vous notez de 0 à 3 le degré de fréquence du type de conflit suscité et subi.

0 Jamais – 1 Parfois – 2 Souvent – 3 Très souvent

	Au cours des conflits	
Types de persécuteurs	**Moi**	**L'autre**
Ça ira, ça ira...		
Les colombes		
Tous dans le même bateau		
Je vous défendrai toujours		
Il n'y a qu'à, il faut		
Au four et au moulin...		
L'arrangeur arrosé...		
Le pyromane pompier		
L'arbitre		

Étude de cas

Étude d'un cas de conflit initié par des attitudes de sauveurs.

Récit : « Ils sont fous ces gens du siège »

L'usine L représente l'une des vingt unités d'un grand groupe industriel. Située à cinq cents kilomètres de Paris, dans une région sans attraits touristiques particuliers, l'équipe de direction jouit d'une très large autonomie de fait.

Cependant, depuis deux ans, le siège a créé une cellule organisation, composée de trois jeunes consultants, un HEC, un Sciences politiques et un ESCP. Leur mission consiste à « analyser, concevoir et mettre en place » les nouvelles procédures du groupe afin de faciliter la gestion du siège.

Alain, le directeur de l'unité, reçoit bientôt la visite de l'équipe d'organisation pour une durée de trois semaines. L'ensemble de l'encadrement est convoqué : « Messieurs, la société L, dans son souci de bonne gestion, nous envoie une équipe d'organisation, composée de jeunes et brillants diplômés, qui vont analyser notre façon de travailler, puis nous proposer les améliorations possibles. Je vous demande de vous joindre à moi pour leur souhaiter la bienvenue et de tout mettre en œuvre pour faciliter le travail. »

Mais dès la réunion finie, Alain s'ouvre de ses préoccupations au directeur du personnel.

– « Je connais ça, vous savez... ça les prend tous les deux ans au siège, ils nous envoient des jeunes, de grandes écoles, gros salaires, qui vont tout fouiller, tout mettre sur la table, et faire un dossier gros comme ça de propositions. Et puis, rien ne se fera...
– Pourquoi ?
– Parce que là-haut, ils ne voudraient pas que ça change et que nous ici, on voudrait bien que ça évolue mais pas comme ils l'entendent. »

Néanmoins, la mission se poursuit dans un climat relativement sain. Les « gens du siège » refusent toute déclaration sur l'état d'avancement de leurs travaux ou les solutions qu'ils envisagent et c'est en laissant planer ce mystère qu'ils repartent pour Paris.

Trois mois plus tard, Ernest, le directeur d'exploitation, rend visite à l'usine et les cadres remarquent vite le volumineux dossier qu'il a posé devant lui. En lettres rouges sur fond blanc s'étale le titre « Réorganisation Usine L ».

Ernest leur explique que la mission d'organisation a été très fructueuse dans deux directions :

– corriger les manques de respects des procédures ;
– mettre en place les trois réformes proposées (une sur la chaîne, une sur le traitement comptable, une sur les expéditions).

S'efforçant de trouver les mots pour convaincre ses interlocuteurs, Ernest fait appel à leur sens du devoir et leur motivation pour l'intérêt de la société.

Bien vite, les chefs de service s'aperçoivent que ces réformes sont mal venues. Difficiles à comprendre, elles heurtent le sens commun, les

> habitudes, et les employés ne veulent pas en entendre parler. Dès la fin de la première semaine, les trois chefs de service concernés s'aperçoivent que leurs efforts sont vains. Beaucoup de temps perdu à tenter de convaincre et de former, beaucoup de contestations, beaucoup d'erreurs et d'imprécisions, on en revient toujours à l'ancienne voie.
> Seul le chef comptable réussit l'expérience : mettre les écritures sur terminal. Comme le montant d'heures supplémentaires s'accroît, une demande d'intérimaire est accordée. Mais à la fin du mois, patatras, tous les comptes sont faux et les comptables doivent travailler tout le week-end pour rétablir la situation.
>
> Ernest, le directeur d'exploitation, revient en catastrophe pour constater les dégâts et recueille les opinions des uns et des autres. Louis, le directeur d'unité, l'attaque et critique vivement tout ce qui a été fait : « Mais pourquoi tu ne m'as rien dit ! »
>
> Alain a un petit sourire qui en dit long.
>
> Ernest se sent piégé. Et les problèmes demeurent...

Comment s'en sortir ?

Vous appliquez la méthode décrite dans ce livre pour trouver des options d'actions possibles pour Ernest et ses collaborateurs, et Alain et son encadrement. Vous trouvez ces idées d'options en analysant les différents points clés du conflit (chapitre 1) et pour chacun d'eux, vous appliquez la méthode « Comment s'en sortir » (chapitre 2).

Traiter les facteurs souterrains

1. Trouver des parades aux attitudes initiatrices de conflits : Options.
2. Tenir compte des rapports de force : Options.
3. Agir en fonction des sous-entendus : Options.
4. Ne pas profiter des fragilités et savoir défendre : Options.

Gérer les causes personnelles peu visibles

1. Répondre aux messages des sentiments et des émotions : Options.
2. Sortir de ses représentations irréalistes et se faire une idée objective de sa situation : Options.
3. Développer des réactions efficaces au stress : Options.
4. Réduire les blocages : Options.

Ainsi, vous trouvez une liste des exemples d'options :
- pour Ernest et ses collaborateurs;
- pour Alain et son encadrement.

Corrigé p. 173

Les pouvoirs ignorés des victimes

Identifiez le style de victime

Au cours des conflits, quel genre de victime êtes-vous ? Quel genre de victime subissez-vous ? Vous notez de 0 à 3 le degré de fréquence des types de conflits suscités et subis :

0 Jamais – 1 Parfois – 2 Souvent – 3 Très souvent

	Au cours des conflits	
Types de persécuteurs	**Moi**	**L'autre**
Marche ou crève		
Débordés		
Gémir		
Et pourtant, j'ai tout fait...		
Engueulez-moi, merci.		
Seul au monde		
Ce n'est pas moi, c'est lui		
Fais-le à ma place		
Ce n'est pas possible		
Je n'y comprends rien		

Étude de cas

Étude d'un cas de conflit initié par des attitudes de sauveurs.

Récit : « On ne tire pas sur une ambulance »

Jean est chef de projet d'un service commercial. Il attend impatiemment 18 heures, l'heure de son rendez-vous avec Daniel, son manager.

En effet, parmi les objectifs de l'année en cours, Jean a particulièrement insisté sur l'un d'entre eux : installer chez les revendeurs un système mini-ordinateurs qui permettrait une formidable amélioration de la gestion et des connaissances de ventes réelles.

Jean se souvient de la bagarre au début de l'année pour faire inscrire ce projet dans les objectifs, provisionner les investissements, convaincre les services concernés et décider la direction. Heureusement, Daniel s'est battu et a réussi à emporter la décision.

Cependant, l'année s'est déjà écoulée aux trois quarts et si les autres objectifs ont suivi leur aboutissement normal, le projet des « minis » reste la grande affaire du dernier trimestre. Inlassablement, Jean a provoqué des réunions, des réflexions et des études, avec ses collègues des autres unités, pour faire avancer le dossier. Et cela n'a pas été facile de vaincre leur conformisme face au changement, leur inquiétude face à l'informatique. Enfin, le dossier est prêt et Jean sait qu'il est complet puisqu'il pourrait en revendiquer la paternité à presque 100 %.

19 heures. Une heure de retard. Peut-être la secrétaire en partant a-t-elle oublié de le prévenir? Jean se risque dans le bureau du patron, son dossier sous le bras.

Daniel, le bureau encombré d'épais dossiers, est au téléphone, mais lui fait de grands signes pour l'inviter à s'installer devant lui. Daniel raccroche, et visiblement déprimé, s'adresse à Jean :

– « Oh ! la, la ! Quelle journée ! Je n'en peux plus… Quelle boîte de tordus… C'est incroyable ! Enfin… Excusez-moi de mon retard mais vraiment depuis dix jours, je ne sais plus comment y arriver. Regardez tout ce tas de dossiers… C'est le courrier de ce matin. Uniquement de ce matin. Vous vous rendez compte? Alors, qu'est-ce qui vous amène?

– C'est pour le lancement du dossier des minis. Voilà. Je voulais vous dire que j'ai terminé. Tout est prêt. Nous n'avons plus qu'à fixer la date du départ, et déterminer le plan d'action.

– Mon pauvre Jean, j'ai peur que ce projet ne voit jamais le jour !

– Quoi?

– Oui, nous n'avons plus le temps ni l'argent pour le faire. La décision n'a pas encore été prise officiellement, mais je la sens venir depuis longtemps…

– Mais c'est impensable, tout était réglé dès janvier. J'ai travaillé dessus comme un forcené depuis plus de six mois, j'ai rencontré des tas de gens, et rien ni personne ne m'a laissé croire que…

– Mon pauvre Jean, nous en sommes tous là ! Et je suis bien plus furieux que vous, croyez-le bien. J'ai téléphoné personnellement plus de vingt fois à la direction. J'ai tenté par tous les moyens de déclencher la décision, je me suis battu… Je me suis épuisé pour défendre ce dossier. Et

> voilà le résultat : c'est non ! Et moi, je suis exténué et j'ai pris un retard considérable pour tout le travail qui, lui, ne doit pas attendre… »
>
> La vision de son manager déprimé, miné par les problèmes, incite Jean à ravaler sa rancœur et à ne pas insister. Très digne, Jean fait bien voir qu'il comprend la situation et qu'il jouera le jeu, comme un cadre mûr et responsable. Après le départ de Jean, Daniel se dit qu'il s'en est bien tiré et que tout ira bien…
>
> Mais dès le lendemain, à l'heure du café avec les autres chefs de projets, la colère de Jean explose.
>
> « Tu parles. On ne peut rien dire. C'est trop facile. Il est là à presque m'accuser de lui avoir créé des problèmes. Alors que moi, si je faisais ça, c'est parce qu'on l'avait décidé ensemble, officiellement. Sinon, j'ai déjà bien assez à faire sans cela. On ne peut pas lui faire confiance ! »

Comment s'en sortir ?

Vous appliquez la méthode décrite dans ce livre pour trouver des options d'actions possibles pour Jean et Daniel.

Vous trouvez ces idées d'options en analysant les différents points clés du conflit (chapitre 1) et, pour chacun d'eux, vous appliquez la méthode : « Comment s'en sortir ? » (chapitre 2)

Traiter les facteurs souterrains

1. Trouver des parades aux attitudes initiatrices de conflits : Options.
2. Tenir compte des rapports de forces : Options.
3. Agir en fonction des sous-entendus : Options.
4. Ne pas profiter des fragilités et savoir se défendre : Options.

Gérer les causes personnelles peu visibles

1. Répondre aux messages des sentiments et des émotions : Options.
2. Sortir de ses idées irréalistes et se faire une idée objective de sa situation : Options.
3. Développer des réactions efficaces au stress : Options.
4. Réduire les blocages : Options.

Ainsi, vous trouvez une liste des exemples d'options :
– pour Jean ;
– pour Daniel.

Corrigé p. 177

Corrigés des exercices

Corrigé de l'exercice 1

▸ ***Êtes-vous persécuteur, sauveur ou victime ?***

Vous mettez 10 points par réponse « plutôt vrai »

– les réponses « plutôt vrai » aux questions…
4 – 5 – 8 – 15 – 21 – 30 – 33 – 34 – 38
indiquent votre tendance à être persécuteur.
TOTAL DES POINTS..50/100

– les réponses « plutôt vrai » aux questions…
1 – 3 – 7 – 9 – 17 – 22 – 26 – 27 – 32 – 37
indiquent votre tendance à être sauveur.
TOTAL DES POINTS..30/100

– les réponses « plutôt vrai » aux questions
2 – 12 – 14 – 16 – 19 – 20 – 25 – 28 – 35 – 39
indiquent votre tendance à être une victime provocatrice.
TOTAL DES POINTS.80/100

– les réponses « plutôt vrai » aux questions
6 – 10 – 11 – 13 – 23 – 24 – 29 – 31 – 36 – 40
indiquent votre tendance à être une victime malheureuse.
TOTAL DES POINTS..60/100

Vous comparez votre opinion avec celle de votre ami(e) de confiance.

Vous relisez au chapitre 1, la section 2 intitulée : une typologie des attitudes initiatrices les plus fréquentes. Vous découvrez ainsi les types de conflits que vous avez tendance à initier en fonction des attitudes trouvées dans l'exercice. Vous découvrez aussi les types de conflits que vos interlocuteurs ont tendance à initier avec vous.

Cerner les fantasmes et les représentations illusoires de sa situation devant un conflit : vous-même et votre interlocuteur

Dépouillement du questionnaire.

Vous totalisez le nombre de points correspondant aux degrés de ressemblance avec les qualificatif indiqués :

– une croix dans la colonne 1 donne 1 point ;
– une croix dans la colonne 2 donne 2 points ;
– une croix dans la colonne 3 donne 3 points ;
– une croix dans la colonne 4 donne 4 points.

Remplir un questionnaire pour votre interlocuteur et un questionnaire pour vous.

Jusqu'à quel point a-t-elle (avez-vous) des fantasmes de supériorité (ou la passion d'avoir raison)

Vous totalisez les points des n° 3-4-7-9-13-17-20-23-30-34-36-39-40-43-46-48-51-54.

a) Si vous trouvez entre 59 et 72 points.

Cette personne (ou vous) a ce fantasme à un degré élevé : il y a un réel danger de conflits !

b) Si vous trouvez entre 46 et 58 points, cette personne (ou vous) a ce fantasme à un degré non négligeable : attention, les risques de conflits existent.

c) Si vous trouvez entre 32 et 45 points, cette personne (ou vous) a parfois ce fantasme, mais modérément : ce n'est pas vraiment un problème.

d) Si vous trouvez moins de 32 points, le problème ne vient pas de là.

Jusqu'à quel point a-t-elle (avez-vous) des complexes d'infériorité (ou la peur de s'affirmer)

Vous totalisez les points des n° 1-6-10-12-14-16-18-19-21-24-27-29-32-33-49-50-52-53.

a) Si vous totalisez entre 59 et 72 points, cette personne (ou vous) a vraiment un complexe d'infériorité et une peur excessive de s'affirmer qui ne l'aident pas à régler les conflits qui vont s'éterniser.

b) Si vous totalisez entre 46 et 58 points, cette personne (ou vous) n'est pas sûre d'elle-même et les risques de ne pas régler le conflit existent, attention…

c) Si vous totalisez entre 32 et 45 points, cette personne (ou vous) a parfois une certaine peur de s'affirmer mais c'est sans grande conséquence.

d) Si vous trouvez moins de 32 points : cette personne (ou vous) n'a aucun problème de ce côté-là ; voir ailleurs !

- ***Jusqu'à quel point cette personne (ou vous) a le fantasme d'être brimée dans un environnement hostile et de jouer de malchance ?***

Vous totalisez les points des n° 2-5-8-11-15-22-25-26-28-31-35-37-38-41-42-44-45-47.

a) Si vous trouvez entre 59 et 72 points : cette personne (ou vous) a profondément le fantasme d'être brimée et de jouer de malchance, ce qui entretient les querelles et les conflits : les risques sont majeurs.

b) Si vous trouvez entre 46 et 58 points : cette personne (ou vous) se pense brimée de façon excessive et s'imagine trop jouer de malchance, ce qui n'aide pas le règlement des conflits.

c) Si vous trouvez entre 32 et 45 points, cette personne (ou vous) se sent parfois brimée et malchanceuse, mais ce n'est pas bien grave et sans conséquences importantes pour le règlement des conflits.

Vous relisez le chapitre 1, la section 3 au paragraphe sur les fantasmes pour bien comprendre les résultats de ce diagnostic.

Corrigé de l'exercice 2

Comment diminuer les réactions au stress de son interlocuteur au cours d'un conflit ?

◆ **Réactions du 1er type :** vouloir trouver vite une issue, trop vite.

Les exemples n° 4-7-13-17-21 aident à diminuer le stress du conflit.

◆ **Réactions du 2e type :** vouloir se maîtriser à tout prix, se contrôler quoi qu'il arrive (fermé ou blagueur).

Les exemples n° 2-10-11-19-25 aident à diminuer le stress du conflit.

◆ **Réactions du 3e type :** chercher des solutions sans faille et sans compromis (utopique).

Les exemples n° 5-9-15-22-24 aident à diminuer le stress du conflit.

◆ **Réactions du 4e type :** vouloir être arrangeant et gentil (trop gentil).

Les exemples n° 1-3-14-18-20 aident à diminuer le stress du conflit.

◆ **Réactions du 5e type :** se donner du mal, sans compter sa peine, pour arriver à trouver coûte que coûte une issue, et pourtant sans y arriver.

Les exemples n° 6-8-12-16-23 aident à diminuer le stress du conflit.

Corrigé de l'exercice 3

Le cas « Battez-vous » : les points clés à analyser pour comprendre et trouver des options pour sortir du conflit.

Traiter les facteurs souterrains

Le type de conflit et les attitudes initiatrices

Incitation au meurtre… représente le type de conflit où le patron espère s'en sortir en se mettant au-dessus de la mêlée…

(Lire dans le chapitre 3 : Les dictateurs)

Duroc persécute ses cadres en divisant pour régner, puis il devient la victime de sa manipulation.

Michel et Dominique sont victimes des manœuvres de Duroc, puis ils persécutent leur patron et se persécutent entre eux.

– Options pour Duroc

• Être conscient des dangers de l'incitation au meurtre… même avec de bonnes intentions.

• Savoir que demander à quelqu'un de prendre lui-même une décision qui peut aller à l'encontre de ses intérêts est méchant et dangereux (cf. persécuteur : chapitre 3).

• Reconnaître à Michel et Dominique la légitimité de leurs intérêts et ne pas leur demander de se sacrifier.

– Options pour Michel et Dominique

• Ce n'est pas en « gémissant » qu'ils sont les victimes du patron qu'ils en sortiront. Ils ont marché. Ils peuvent stopper le conflit dès le début : « Voyons ce qui peut être de notre ressort… partageons les responsabilités selon les informations et le pouvoirs… »

• Refuser de se battre entre eux et refuser les occasions de se battre proposées par le chef.

Les rapports de forces

L'égalité de pouvoir de Michel et Dominique bloque la situation. Duroc a le pouvoir d'organiser une négociation, s'il le veut.

– Option pour Duroc

• Se rendre compte qu'il est le mieux placé pour décider et qu'il a plus de pouvoir que les deux cadres qui n'ont pas les moyens de trancher. Il peut organiser la négociation.

– Option pour Michel et Dominique

• Prendre conscience que leur égalité de pouvoir les piège à vivre une situation sans issue. Ils doivent refuser d'entrer dans ce piège.

Les sous-entendus

Duroc pense : battez-vous et n'y arrivez pas, ainsi je garde le pouvoir.

Michel et Dominique se disent : nous n'avons pas besoin de toi...

– Option pour Duroc

• Décider de prendre le pouvoir autrement qu'en acculant ses collaborateurs à échouer, ce qui est très dangereux.

– Option pour Michel et Dominique

• Sortir de l'illusion flatteuse qu'ils n'ont pas besoin de Duroc : si c'est vrai, ils trouveront vite une décision commune, si c'est faux, ne pas attendre et poser le problème au patron.

Les fragilités

Duroc a peur de déplaire et de perdre le pouvoir.

Michel et Dominique sont flattés d'être tout-puissants.

– Option pour Duroc

• Ne pas se laisser prendre à ses points faibles : plaire et être estimé et perdre du pouvoir. Ce n'est pas ainsi qu'il va être estimé et gagner du pouvoir.

Gérer les causes personnelles peu visibles

Les sentiments

Duroc a un sentiment de peur. Or cette crainte est mauvaise conseillère pour lui. Ensuite, il est triste et déprimé. Michel et Dominique sont inconsciemment heureux de pouvoir se passer de leur patron. Ensuite, ils manifestent une colère excessive contre Duroc.

– Options pour Duroc

Il existe un manque de sécurité dans ce département marketing et les relations sont trop libres, chacun fait ce qu'il veut.

• Mettre un climat de plus grande sécurité en diminuant le management du type « Voyez-vous même... » ou « Je m'en lave les mains... »

• Savoir que la joie de Michel et Dominique cache une illusion de se passer de lui qui l'arrange un moment, mais va amener leur colère contre lui qui envoie un message clair : « patron, changez d'attitude, prenez vos responsabilités. »

– Options pour Michel et Dominique

• Sortir de leur joie illusoire

• Leur colère cache aussi de la peur de Duroc : ils doivent réclamer davantage de sécurité par un management de Duroc qui prend ses responsabilités.

Les représentations irréalistes

Duroc se croit malin et fin Machiavel (supérieur) mais il se fait mal voir et se plaint (inférieur), récoltant ce qu'il a semé.

Michel et Dominique manquent de confiance en eux et sont trop naïfs, pris par la flatterie (inférieurs). Puis ils font la leçon à leur chef et en disent du mal (supérieurs) sans atteindre les résultats souhaités... (brimés).

– Option pour Duroc

• Se convaincre qu'il n'est pas possible de se débarrasser d'un problème sur les autres... tôt ou tard, il a de bonnes chances de revenir...

– Option pour Michel et Dominique

• Garder la solidarité entre eux et ne pas se laisser diviser par flatterie et rêve de puissance.

Les réactions au stress

Duroc croit qu'il faut faire plaisir à tout le monde (4e type) être fort et diviser pour régner. Il est convaincu que la manipulation, ça marche, et qu'il est possible de se débarrasser d'un problème sur les autres (2e type).

Michel et Dominique sont pris dans un cercle vicieux où ils ne réfléchissent plus : il suffit de s'expliquer et tout va bien ; essaie encore et donne-toi du mal ; si tu cherches une solution, tu la trouves (5e type).

– Options pour Duroc

• Découvrir que décider et prendre des responsabilités supposent de déplaire, au moins partiellement.

• Se donner des messages positifs comme « Sois compréhensif et réaliste. Ne fais pas plaisir à tout le monde. Assume tes responsabilités. »

– Option pour Michel et Dominique

• Se rendre compte qu'il ne suffit pas de bonne volonté et d'essayer encore et encore pour que ça marche... même en se fatiguant beaucoup, cela n'excuse pas l'échec.

Réduire les blocages

Duroc minimise sa capacité à décider et ne voit pas les dangers de son système : « Diviser pour régner ». Il a une attitude passive en ne voulant pas se mêler à l'affaire et il fuit ses responsabilités (degré 1).

Michel et Dominique ne se rendent pas compte de l'importance du problème et par une agitation inutile, se cachent leur problème fondamental : la faiblesse de leur pouvoir (degré 3).

– Option pour Duroc

• Duroc peut se donner comme but d'organiser la décision commune et, si nécessaire, d'arbitrer en fonction de l'efficacité générale, de s'informer auprès des cadres, voir les possibilités de négociation et de décisions communes puis prendre le risque et trancher.

– Options pour Michel et Dominique

• Calculer les chances de réussite, réfléchir, être stratège et acteur, c'est légitime et utile pour tout le monde.

• Bien analyser ce qui est de leur possibilité réelle de négociation, décider en commun puis demander au chef d'arbitrer.

• Michel et Dominique peuvent obtenir une structure efficace qui leur permette de bien travailler.

Corrigé de l'exercice 4

Le cas « Ils sont fous au siège » : les points clés à analyser pour comprendre et trouver des options pour sortir du conflit.

Traiter les facteurs souterrains

Le type de conflit et les attitudes initiatrices

Le type de conflit « Je sais ce qui est bon pour vous » montre que la volonté d'aider les gens peut être une source de grave conflit si on ne se préoccupe pas de leurs demandes et besoins réels.

Ernest adopte une position de sauveur en présentant son projet, puis de victime quand il est refusé.

Alain adopte une position de victime du siège, puis il persécute les organisateurs.

– Option pour Ernest et ses collaborateurs

• Sortir de leur attitude de sauveur de situation pour la remplacer par celle d'apporteur d'idées pratiques à choisir selon les besoins de chacun.

– Options pour Alain et son encadrement

• Ne pas se croire obligé d'attendre que les dégâts soient importants en les laissant faire « Jacques a dit » avec une innocence machiavélique, car cela coûte très cher pour le moral des troupes (victimes).

• Prendre conscience des conséquences désastreuses d'un refus systématique de réformer, dans le contexte difficile actuel (persécuteur).

Les rapports de forces

Ernest a des illusions sur son pouvoir : il le croit trop élevé.

Alain, en revanche, ne croit pas assez en ses possibilités d'influence : en fait il a les moyens de négocier avec Ernest.

– Option pour Ernest et ses collaborateurs

• Découvrir les illusions qu'ils se font sur leurs pouvoirs : ils ne pourront pas imposer aussi facilement leurs réformes.

– Option pour Alain et son encadrement

• Découvrir que la négociation est possible, le plus tôt sera le mieux.

Les sous-entendus et messages cachés derrière la conversation officielle

Ernest pense : « Vous ne savez pas ce qu'il faut faire… ».

Alain se dit : « Nous savons ce qu'il faut faire et il n'y a pas besoin de changer… »

– Option pour Ernest et Alain

• Diminuer leur optimisme, leurs certitudes, leur assurance d'avoir et de détenir la vérité…

Les fragilités

Ernest veut à tout prix être moderne, plutôt que chercher à résoudre les problèmes pratiques de l'usine.

Alain a honte de ses faiblesses d'organisateur et veut les cacher.

– Option pour Ernest et ses collaborateurs

• Découvrir qu'il ne suffit pas de dire « le siège a dit » pour que la décision soit exécutée, encore faut-il qu'il y ait un minimum d'accord, de réponse à des besoins, de raisons valables de changer.

– Options pour Alain et son encadrement

• Cacher ses faiblesses n'est pas toujours la meilleure solution.

• Proposer à l'équipe d'organisation d'analyser et de « remonter » des contre-propositions correspondant à leurs besoins supposés.

Gérer les causes personnelles peu visibles

Les sentiments

Ernest affiche un optimisme excessif qui énerve les gens de l'usine, ensuite il ressent une tristesse qui le rend passif.

Alain a des sentiments de peur et de colère qui ne l'aident pas à avoir une attitude de collaboration efficace avec le siège.

– Options pour Ernest et ses collaborateurs

• Prendre conscience que son optimisme le rend inefficace et l'empêche d'être réaliste, sa tristesse l'aidant encore moins.

• Il peut se donner comme but de bâtir ensemble des méthodes de travail valables, réalistes et facilitant l'efficacité. Là, il aura une joie fondée sur des faits, une joie qui ne sera pas artificielle, qui n'énervera pas les autres.

• Rassurer Alain.

– Options pour Alain et son encadrement

• La peur peut être mauvaise conseillère et l'amener à cacher la réalité.

• Prendre conscience du degré de gravité du problème et informer le siège de la réalité des problèmes. Il retrouvera la tranquillité et sera rassuré pour travailler aux solutions.

Les représentations irréalistes

Ernest méconnaît la gravité des résistances des cadres de l'usine : il a la vérité et il « sait mieux que les autres ». Il jubile de faire la leçon aux gens des usines !

Alain n'a pas confiance en lui et se méfie des organisateurs (repli, brimé), puis il manifeste une supériorité artificielle pour cacher son infériorité : avec son encadrement, ils sont très excités de piéger les organisateurs !

– Options pour Ernest et ses collaborateurs

• Plutôt que vouloir « être supérieur », se donner des messages du genre : « Sois réaliste et trouve des compromis au mieux des intérêts de chacun. »

• Intégrer un ou deux membres de l'encadrement-terrain aux réflexions en amont avant de « descendre ».

– Option pour Alain et son encadrement

• Reprendre confiance en leur possibilité de bien s'en tirer, en osant négocier (ils sont capables ou se forment) pour trouver des solutions de défense contre les influences du siège, autres que le repli ou une fausse supériorité qui ne mène à rien.

Les réactions au stress

Ernest se dit : « L'essentiel est d'être un organisateur, expert de haut niveau sans faille et sans compromis » (3e type).

Plus les problèmes s'accumulent, plus le stress s'accroît et plus il rejette les compromis.

Alain se dit « Pour contrôler la situation, replie-toi dans ta forteresse avec ton encadrement, cache tes faiblesses et tes intentions, piège les autres » (2e type).

– Option pour Ernest est ses collaborateurs

• Connaître les lois psychologiques du changement, autant que les techniques d'organisation, est une façon plus efficace d'être un « parfait » organisateur. Prendre conscience que tout au long de cette affaire, aucun souci de sécuriser les gens n'apparaît. Les possibilités d'expression libres sont faibles.

– Options pour Alain et son encadrement

• C'est bien d'être le plus fort, mais être ouvert peut être très intéressant et agréable.

• Se donner des messages positifs : le changement bien adapté peut être utile.

• Il est possible de dialoguer sans y perdre.

Réduire les blocages

Ernest s'agite de façon inefficace pour fuir le vrai problème : gérer la réforme et le changement (degré 3).

Ernest veut à tout prix être moderne, plutôt que chercher à résoudre les problèmes pratiques de l'usine (degré 2).

Alain refuse tout dialogue pour fuir le problème de la modernité des méthodes (degré 4).

– Options pour Ernest et ses collaborateurs

• Ils ne sortiront de leur agitation inefficace (degré 3) que s'ils sortent de leur modèle technocratique d'organisateur (degré 2) en se donnant de nouvelles méthodes, tenant compte des problèmes humains.

• Ils doivent écouter Alain et son encadrement qui ont besoin de « vider leur sac » et d'exprimer leurs inquiétudes sur la réforme (pour passer du degré 4 au degré 3).

– Options pour Alain et son encadrement

• Préparer sérieusement leurs listes d'inquiétudes et de questions.

• Apporter des critiques raisonnables et argumentées qui aident les organisateurs à remettre en cause leurs méthodes.

• Abandonner leur repli (degré 4), s'exprimer (degré 3), proposer d'autres méthodes élaborées avec les organisateurs (degré 2), suggérer des solutions (degré 1) pratiques et accepter aussi certaines idées venant des organisateurs qui permettront de travailler plus efficacement, ce que les organisateurs ne peuvent qu'accepter.

Corrigé de l'exercice 5

Le cas « On ne tire pas sur une ambulance » : les points clés à analyser pour comprendre et trouver des options pour sortir du conflit…

Traiter les facteurs souterrains

Le type de conflit et les attitudes initiatrices

Et pourtant, j'ai tout fait représente le type de conflit où le manager s'imagine que son échec sera facilement accepté par ses collaborateurs s'il s'est beaucoup fatigué pour ne pas y arriver et qu'il est très méritant. C'est illusoire ; ce que les subordonnées attendent avant tout, c'est la réussite. Se mettre en position d'être sauvé et susciter l'indulgence, ce n'est pas être un manager responsable.

Daniel se met en position de victime et finalement persécute Jean.

Jean joue le rôle du bon sauveur gentil et devient la victime de Daniel.

– Option pour Daniel

• Comprendre le danger de se mettre en position de victime et de susciter l'indulgence d'un manager responsable, même si cela marche un moment.

– Option pour Jean

• Devenir plus réaliste vis-à-vis de son patron en ne croyant pas tout ce qu'il dit.

Les rapports de forces

Daniel a trop promis et laisse croire qu'il a beaucoup de pouvoir.
Jean se fait des illusions sur le pouvoir de Daniel.

– Option pour Daniel

• Mieux analyser et peser le rapport exact de son influence réelle avec sa direction, pour mieux prévoir les chances d'acceptation des projets.

– Option pour Jean

• Proposer à son patron une stratégie et des méthodes d'appréciation plus réalistes des possibilités d'acceptation des projets.

Les sous-entendus

Daniel pense : « Le problème est beaucoup plus difficile que tu ne crois ; c'est un projet peu sûr ! Tu m'embêtes bien avec cette affaire compliquée… »

Jean se dit : « J'attends tout de toi ; tu es le patron, donc tu es très puissant… »

– Option pour Daniel

• Dévoiler les sous-entendus et lui dire que le problème l'embête, qu'il est compliqué et qu'il n'est pas sûr de pouvoir décrocher le feu vert de la direction, pour éviter de laisser ses collaborateurs s'engager dans des projets peu sûrs.

– Options pour Jean

• Détecter les sous-entendus de son manager, en testant ses belles paroles.

• Obtenir des preuves concrètes de ses affirmations.

Les fragilités

Daniel manque de confiance en lui et a peur de déplaire.

Jean a bon cœur et il est facile de le prendre par les sentiments. Il a tendance à prendre ses désirs pour des réalités.

– Option pour Daniel

• Oser dire à ses collaborateurs ce qui est possible et ce qui ne l'est pas.

– Options pour Jean

• Devenir plus méfiant et ne pas trop se laisser aller à ses sentiments : prendre conscience qu'il peut se faire avoir.

• Ne plus prendre ses désirs pour des réalités en analysant les chances réelles d'acceptation des projets; interroger d'autres personnes, être attentif à leurs remarques, même pessimistes.

Gérer les causes personnelles peu visibles

Les sentiments

Daniel manifeste des sentiments de façade : la joie optimiste au début, puis, lors de l'entretien, la tristesse dépressive. Le sentiment qui existe et qu'il n'ose pas exprimer, le cachant derrière cette joie ou cette tristesse, est la peur de son collaborateur. Il a besoin d'être rassuré.

Jean est optimiste et heureux : il a confiance (trop) et cette joie étoffe en lui toute méfiance utile et l'amène à une stratégie inefficace.

– Option pour Daniel

• Pour exorciser sa peur et se rassurer, mettre au point une stratégie réaliste d'acceptation des projets, avec des étapes.

– Options pour Jean

• Devenir raisonnablement méfiant, en n'attendant pas l'échéance finale pour connaître les résultats : prévoir des étapes intermédiaires.

• Oser se mettre en colère sans attendre la fin, où cette colère est inefficace : faire pression et manifester son mécontentement dès la première échéance si les promesses ne sont pas tenues.

• La joie n'est pas toujours un sentiment efficace, contrairement aux habitudes sociales qui la valorisent.

Les représentations irréalistes

Daniel joue l'impuissance (infériorité) mais sa réputation est sa toute-puissance pour manipuler Jean (supériorité), croyant avec erreur que Jean ne s'apercevra de rien : il va bientôt déchanter et s'apercevoir qu'il n'est pas si « supérieur » !

Jean croit faussement qu'il peut tout attendre de son patron (infériorité), comme un enfant devant son papa !

– Option pour Daniel

• Se dire qu'il ne trouvera pas toute sa vie des Jean aussi faciles à vivre… attention aux lendemains qui déchantent… même avec Jean qui va lui en vouloir et, pire, va prévenir tout le monde ! Son image de marque est abîmée pour longtemps. Il va devoir vite apporter des preuves fortes pour changer son image.

– Options pour Jean

• Prendre conscience de son attitude irréaliste de soumission, d'enfant qui croit au Père Noël.

• Se mettre en position réaliste d'égalité avec son manager pour avoir des preuves des affirmations et pour contrôler la fidélité des promesses : devenir un adulte raisonnablement méfiant.

Les réactions au stress

Daniel est très inquiet et stressé devant son impuissance à apparaître en manager capable d'obtenir un budget pour un projet. Sa réaction est : se donner du mal, se surmener et surtout, en parler, se plaindre, faire pitié ; pensant qu'en montrant tout le mal qu'il se donne (au moins en parler) va lui permettre de sortir du stress. Certes, cette attitude marche un moment, mais ensuite les ennuis commencent, plus graves qu'avant (réaction du 5e type).

Jean réagit au stress en étant trop gentil et conciliant (réaction du 4e type). Que Daniel ne s'y trompe pas, cette attitude arrangeante de Jean n'est qu'une manifestation trompeuse de son angoisse et d'une grande inquiétude, qui éclatent d'autant plus fort ensuite, dans une colère tardive et inefficace. Bien sûr, cette façon de réagir n'est qu'un calmant qui n'arrange rien, bien au contraire.

– Options pour Daniel

• Abandonner sa fausse croyance : son échéance sera facilement acceptée par ses subordonnés s'il se fatigue. Les collaborateurs veulent de la réussite.

• Se donner un principe positif de vie : sois heureux en réussissant ce qu'il est possible de réussir et en faisant réussir ceux qui sont avec toi…

– Options pour Jean

• Remplacer son message inefficace : « Sois arrangeant et sois gentil sans penser à toi ou bien sois agressif et en colère si ça ne va pas. »

• Adopter un autre message plus positif : « Veille à tes intérêts avec calme et réalisme » ; tout le monde y gagnera : ni gentil, ni agressif, mais efficace.

Réduire les blocages

Ils se cachent tous les deux la situation.

Daniel vit sous la dépendance d'un modèle (blocage 2e degré), un manager doit être une personne qui peut tout, fait tout, sait tout, ce qui le bloque, quand il se trouve devant un problème difficile où, justement, il ne peut pas tout.

Jean vit aussi sous la dépendance d'un modèle (blocage 2e degré) qui, d'ailleurs, renforce le modèle de management de Daniel : un bon cadre fait confiance à son manager, il veut être un « cadre modèle… » qui « comprend la situation », joue le jeu, mûr et responsable comme il le dit.

– Option pour Daniel

• Sortir de son modèle de management et passer au blocage : 1er degré. « Je ne sais plus quoi faire ! Mon système n'est pas un bon modèle. » Il sera, à ce moment-là, en état de réfléchir à des méthodes réalistes d'appréciation des projets. Il sera ouvert pour mettre en pratique toutes les options que nous avons vues.

– Option pour Jean

• Sortir de son modèle de « bon cadre » et passer au blocage 1er degré « Je ne sais plus quoi faire ». C'est déjà bien en route à la fin de l'histoire. Il est en colère (donc, il vit un changement, tel est le message de ce sentiment). Un cadre efficace n'attend pas tout de son manager et, lui aussi, travaille à mettre au point des méthodes réalistes d'appréciation des chances d'acceptation de leurs projets ! Il sera aussi en meilleure position pour mettre en pratique toutes les options trouvées au long de cette analyse.

Troisième partie

Pour aller plus loin

Programme d'un stage de formation

Première journée : Découvrir les origines cachées des conflits

9 h – 9 h 30	Présentation des participants Objectifs de la session Présentation de l'animateur Le contrat triangulaire [1]
9 h 30 – 10 h	Autodiagnostic des attitudes initiatrices de conflit (exercice 1)
10 h – 10 h 30	De quels conflits et querelles parlons-nous ? (chapitre 1, section 1)
10 h 30 – 10 h 45	Pause
10 h 45 – 11 h 30	Les facteurs souterrains qui déclenchent les conflits : typologie des attitudes.
11 h 30 – 12 h 15	Exercice à deux (exercice 1 : cas personnels)
12 h 15 – 14 h	Déjeuner
14 h – 14 h 30	Corrigé de l'autodiagnostic (ex. 1)
14 h 30 – 15 h 30	Mise en commun des cas de conflits préparés le matin, avec les attitudes initiatrices
15 h 30 – 15 h 45	Pause
15 h 45 – 16 h 15	Les rapports de force et le poids des influences (chapitre 1, section 2)
16 h 15 – 16 h 45	Cas : analyse des rapports de forces (exercice 2)
16 h 45 – 17 h 15	Mise en commun
17 h 15 – 17 h 30	Synthèse de la journée

1. Cf. D. Chalvin, *Formation, méthodes et outils*, ESF éditeur.

Deuxième journée : Découvrir les origines cachées des conflits (suite et fin)

9 h – 9 h 30	Les fragilités sociales et les sous-entendus (chapitre 1, section 2)
9 h 30 – 10 h	Cas – analyse des fragilités et sous-entendus
10 h – 10 h 30	Mise en commun
10 h 30 – 10 h 45	Pause
10 h 45 – 11 h 15	Cerner les causes personnelles peu visibles (chapitre 1, section 3), les messages des sentiments
11 h 15 – 11 h 45	Autodiagnostic des fantasmes (exercice 1, n° 3), moi, mon interlocuteur.
11 h 45 – 12 h 15	Exposé sur les fantasmes
12 h 15 – 14 h	Déjeuner
14 h – 14 h 30	Corrigé de l'autodiagnostic : débat
14 h 30 – 15 h 30	Cas réels présentés par les participants. Débat en petits groupes et debriefing
15 h 30 – 15 h 45	Pause
15 h 45 – 16 h 45	Cas – diagnostic – Mise en commun
16 h 45 – 17 h 15	Les blocages (chapitre 1, section 3)
17 h 15 – 17 h 30	Synthèse de la journée

Troisième journée : Comment s'en sortir ?

9 h – 9 h 30	Traiter les facteurs souterrains (chapitre 2)
9 h 30 – 10 h 30	Cas d'un persécuteur (exercice 3)
10 h 30 – 10 h 45	Pause
10 h 45 – 11 h 30	Mise en commun (corrigé)
11 h 30 – 12 h 15	Gérer les causes personnelles peu visibles
12 h 15 – 14 h	Déjeuner
14 h – 14 h 30	Exercice de diminution du stress (exercice 2) par petits groupes
14 h 30 – 15 h	Mise en commun (corrigés)
15 h – 15 h 30	Cas du sauveur (exercice 4)
15 h 30 – 16 h	Mise en commun (corrigé)
16 h – 16 h 15	Pause
16 h 15 – 16 h 45	Cas de victime (exercice 5)
16 h 45 – 17 h 15	Mise en commun
17 h 15 – 18 h 15	Bilan, enseignements tirés de la session et contrats personnels d'amélioration.

LEXIQUE

Affirmation de soi : Oser affirmer tranquillement ses droits et faire admettre leur légitimité sans chercher à empiéter sur ceux des autres, se prononcer de façon sereine et constructive, même en face d'interlocuteurs hostiles, rechercher des compromis réalistes et négocier sur la base de l'intérêt matériel plutôt que sous la menace.

Blocage : Ensemble des comportements et actions que développe une personne pour être sûre de ne pas arriver à résoudre son problème : tout faire pour remettre à plus tard, ou agitation et surmenage, ou bien agressivité ou soumission excessive, ou repli avec troubles psychosomatiques (perte ou excès d'appétit, insomnie, maladies...).

Dépendance : État naturel de tout être humain vis-à-vis des autres et de son environnement ; cet état est positif s'il permet à la personne de bien vivre, en atteignant les objectifs qu'elle souhaite ; cet état est négatif s'il la contraint à vivre à l'encontre de ce qu'elle désire et souhaite, l'empêchant d'atteindre les buts qu'elle s'est fixés.

Fantasmes sociaux : Désignent les représentations imaginaires et irréalistes qu'une personne peut avoir de sa situation vis-à-vis de l'autre. Trois types de fantasmes qui sont sources de conflits : 1) croire qu'il est indispensable de se mettre en position de supériorité vis-à-vis de l'autre si l'on veut être efficace 2) croire au contraire qu'il est indispensable de se mettre en position d'infériorité 3) croire qu'il est fatal de tout considérer de façon négative, soi-même et les autres.

Forces : (rapports de...) Voir Influence.

Fragilités : Caractéristiques d'une personne (sexe, âge, poids, race, etc.) ou d'une situation (échec, position sociale, appartenance religieuse, politique, etc.) qui la met en situation d'être facilement entraînée dans un conflit, toutes faiblesses, sensibilités ou susceptibilités qui peuvent enclencher une réaction irrationnelle ou passionnelle.

Influence : Une personne a une influence sur une autre lorsqu'elle l'amène à avoir certains comportements qu'elle n'aurait pas eus si la personne influente n'était pas intervenue. Cette influence est liée aux rapports de forces et de pouvoirs qui existent entre ces deux personnes, déterminés par de nombreux facteurs psychiques, sociaux, moraux ou psychologiques.

Manipulation : C'est l'art de mettre l'autre en état de dépendance (voir ce mot), sans qu'il s'en rende compte, pour l'amener à agir en faveur de nos intérêts au détriment des siens. Les formes sont variées : flatter, dévaloriser, simuler, culpabiliser, enrober, intercéder, etc.

Messages des sentiments : Quand une personne exprime des sentiments, elle envoie des messages spécifiques selon le sentiment qui apparaît (voir le mot : système limbique). Savoir décoder ces messages est décisif pour le traitement des conflits.

Négociation : C'est l'art de réunir les moyens d'agir, en partant des informations possédées par chacun, pour trouver des solutions complémentaires, pour créer une situation nouvelle, au service d'un projet et d'un but, pour éviter la violence ou la passivité attentiste.

Persécuteur : C'est l'attitude d'une personne sévère, rigide et arbitraire qui exige des autres des actions trop difficiles à appliquer, inutiles ou humiliantes, qui provoque ou perpétue des conflits.

Pouvoir : Voir Influence.

Sauveur : C'est l'attitude d'une personne qui veut aider les autres et arranger les choses alors qu'elle a peu de compétence et de moyens pour y arriver, n'en a pas envie, en fait beaucoup trop sans se préoccuper de ce que veut réellement la personne dont elle n'en est pas chargée, ce qui provoque et perpétue un conflit.

Sous-entendus (ou non-dits) : Derrière le message officiel se cache souvent un autre message, différent sinon contraire, qui correspond à l'intention réelle que la personne n'ose pas divulguer et qui a une importance décisive pour prévenir et traiter un conflit.

Stress : C'est la réaction globale (non spécifique) que donne une personne à son environnement pour s'en sortir au mieux, en fonction de ses habitudes ; ce sont des réactions automatiques et incontrôlées qui peuvent être inadaptées à la situation et par là sources de conflits (stress négatif), ou bien adaptées, et elles aident efficacement la personne à bien s'en sortir (stress positif).

Système limbique (ou cerveau non verbal) : Ensemble des structures du cerveau qui jouent un rôle essentiel dans les conduites affectives et émotionnelles. Ce système permet à l'être humain de communiquer avec son environnement sans l'aide des mots : il envoie des messages par les sentiments. Il est spécialement actif dans un environnement hostile.

Victime malheureuse : C'est l'attitude d'une personne qui, se sentant brimée, exagère démesurément ses ennuis, pour attirer la bienveillance des autres : elle est anxieuse, défaitiste, influençable et confuse dans ses propos, ce qui provoque ou perpétue un conflit.

Victime provocatrice : C'est l'attitude d'une personne qui attire sur elle les ennuis, affirmant que c'est la faute des autres, espérant ainsi échapper aux conflits alors qu'elle les provoque et les perpétue tout en s'en plaignant.

Bibliographie

ALBERT E. et EMERY J.-L., *Le manager est un psy*, Paris, Ed. d'Organisation, 1998.

BAILLY B., *Enseigner, une affaire de personnalité*, Paris, Nathan, 1999.

BELLENGER L., *Être stratège*, Paris, ESF éditeur, 1998.

BERNE E., *Des jeux et des hommes*, Paris, Stock, 1991.

CHALVIN D., *L'affirmation de soi*, Paris, ESF éditeur, 2004.
– *L'entreprise négociatrice*, Paris, Dunod, 1997.
– *Les outils de base de l'analyse transactionnelle*, Paris, ESF éditeur, 2006.
– *Les nouveaux outils de l'analyse transactionnelle*, Paris, ESF éditeur, 2003.

CHALVIN M.-J., *L'art de vivre en famille*, Paris, Arnaud Franel, 1999.
– *Prévenir conflit et violence*, Paris, Nathan, 2003.
– *Enseignement et analyse transactionnelle*, Paris, Nathan, 2004.
– *Estime de soi*, Eyrolles, 2005.

CIALDINI R., *Influence*, Paris, First, 1996.

CORNET V. et AURIOL P., *Le parler vrai*, Paris, ESF éditeur, 1995.

COUILLET R., *Être soi*, Paris, ESF éditeur, 1998.

DIRIDOLLOU B., L'encadrement de proximité, Paris, Éd. d'Organisation 2000.

DULUC A., *Leadership et confiance*, Paris, Dunod, 2000.

FISHER R. ET URY W., *Comment réussir une négociation ?*, Paris, Le Seuil, 1992.

GAUTHIER B. ET VERVISCH M.- O., *Le manager coach*, Paris, Dunod, 1999.

IRIBARNE P., *Vous serez tous des maîtres*, Paris, Le Seuil, 1996.

KAHLER T., *Manager en personne*, Paris, InterÉditions, 1990.

MACHIAVEL, *L'art de la guerre*, Paris, Flammarion, 1991.

PIERSON M.-L., *L'intelligence relationnelle*, Paris, Ed. d'Organisation, 1999.

SUN TZU, *L'art de la guerre*, Paris, Flammarion, 1989.

URY W., *Négocier avec des gens difficiles*, Paris, Le Seuil, 1990.

Adresse utile

Images pour la formation (IPLF), 19, avenue de la Marne, 92120 Montrouge. Tél. : 01 46 56 36 00.

Index

OUVRAGES PUBLIÉS DANS LA COLLECTION FORMATION PERMANENTE

ROGER MUCCHIELLI

L'analyse de contenu. Des documents et des communications (9e édition – n° 16).
Communication et réseaux de communications (épuisé – n° 12).
Les complexes personnels (5e édition – n° 11).
La conduite des réunions (18e édition – n° 3).
La dynamique des groupes (17e édition – n° 4).
L'entretien de face à face dans la relation d'aide (18e édition – n° 1).
L'étude des postes de travail (épuisé – n° 7).
L'examen psychotechnique (épuisé – n° 8).
L'interview de groupe (7e édition – n° 6).
La méthode des cas (8e édition – n° 5).
Les méthodes actives dans la pédagogie des adultes (10e édition – n° 13).
Observation psychologique et psychosociologique (5e édition – n° 17).
Opinions et changements d'opinion (4e édition – n° 9).
Organigrammes et sociogrammes (épuisé – n° 14).
Psychologie de la publicité et de la propagande (épuisé – n° 10).
Psychologie de la relation d'autorité (6e édition – n° 19).
Psychologie de la vie conjugale (4e édition – n° 15).
Psychosociologie d'une commune rurale (épuisé – n° 20).
Le questionnaire dans l'enquête psychosociale (10e édition – n° 2).
Le travail en équipe (9e édition – n° 18).

BERNARD ADAM

Animer une étude analyse de la valeur (épuisé – n° 79).

ANNE ANCELIN-SCHUTZENBERGER

Le jeu de rôle (épuisé – n° 43).

JOSEPH AOUN

Manager une équipe multiculturelle. Faire de la diversité une clé de la performance (1re édition - n° 161).

BRUNO BARJOU

Manager par projet. Méthodes et comportements pour animer hors statut hiérarchique (3e édition – n° 128).
Savoir transmettre son expertise et son savoir-faire (1re édition – n° 109).
Vendre ses idées et ses projets. Des clefs pour obtenir l'accord (3e édition - n° 141).

BRUNO BARJOU, ANNICK COHEN, JACQUES ISORÉ ET JEAN-PIERRE TESTA

Réussir dans ses nouvelles responsabilités. Prise de fonction : mode d'emploi (5e édition – n° 118).

GUY BARRIER

La communication non verbale. Aspects pragmatiques et gestuels des interactions (3e édition – n° 117).
Internet, clefs pour la lisibilité. Se former aux nouvelles exigences de l'hypermédia (1re édition – n° 140).

JEAN-MICHEL BAZIN ET ROGER BAZIN

Comment raisonner pour décider. Apprendre à trouver des solutions (1re édition – n° 129).

ROGER BAZIN

Développement personnel et entraînement mental (5e édition – n° 29).
Le nouvel esprit qualité (épuisé – n° 82).
Organiser les sessions de formation (5e édition – n° 30).

LIONEL BELLENGER

Agir en stratège. Les enseignements de Sun Tzu au service de votre réussite. (1re édition - n° 168).
Comment managent les grands coachs sportifs. Des pistes concrètes pour le coaching en entreprise (2e édition – n° 156).
La boîte à outils du négociateur. Les meilleures techniques pour questionner, argumenter, réfuter (1re édition - n° 164).
La confiance en soi (7e édition – n° 100).
La force de persuasion. Du bon usage des moyens d'influencer et de convaincre (4e édition – n° 122).
L'argumentation. Principes et méthodes (5e édition – n° 37).
Les outils du négociateur. Consulter, argumenter, réfuter [2] (épuisé – n° 90).
Les fondamentaux de la négociation. Stratégies et tactiques gagnantes (1re édition - n° 163).
L'excellence à l'oral (3e édition – n° 149).
L'expression orale (épuisé – n° 44).
Libérez votre créativité. De l'imagination à l'innovation gagnante (1re édition - n° 166).
Piloter une équipe projet (2e édition – n° 158).

LIONEL BELLENGER ET MARIE-JOSÉE COUCHAERE

Animer et gérer un projet (épuisé – n° 95).
Les techniques de questionnement. Savoir poser les bonnes questions (3e édition – n° 143).
Plus efficace et moins stressé. Le bien-être, clé de la performance (1re édition – n° 159).

LIONEL BELLENGER ET PHILIPPE PIGALLET

Dictionnaire de la formation et du développement personnel (1re édition – n° 113).
100 exercices et études de cas pour la formation (1re édition – n° 154).

LIONEL BELLENGER, PHILIPPE PIGALLET, REHBIA COUILLET, MARIE-JOSÉ COUCHAERE ET BRUNO BARJOU

C'est moi d'abord (1re édition – n° 150).

PIERRE CAUVIN

La cohésion des équipes. Pratique du team building (4e édition – n° 119).

PIERRE CAUVIN ET GENEVIÈVE CAILLOUX

Les types de personnalité. Les comprendre et les appliquer avec le MBTI (indicateur typologique de Myers-Briggs) (6e édition – n° 102).

ALAIN CAYROL ET PATRICK BARRÈRE

S'initier à la PNL. Les basiques de la programmation neuro-linguistique (11e édition – n° 60).

DOMINIQUE CHALVIN

L'affirmation de soi (11e édition – n° 41).

Autodiagnostic des styles de management. À l'usage des cadres et des dirigeants (4e édition – n° 56).

Cultivez votre personnalité (1re édition – n° 177).

Du bon usage de la manipulation (4e édition – n° 148).

Faire face aux stress de la vie quotidienne (5e édition – n° 48).

Formation : méthodes et outils. Tome 2 - Encyclopédie des pédagogies pour adultes (3e édition – n° 116).

Histoire des courants pédagogiques. Tome 1 – Encyclopédie des pédagogies pour adultes (2e édition – n° 115).

Les outils de base de l'analyse transactionnelle. Pour développer l'énergie des individus et des organisations [1] (10e édition – n° 63).

Les nouveaux outils de l'analyse transactionnelle. Pour développer l'énergie des individus et des organisations [2] (7e édition – n° 64).

Tensions et conflits dans les relations personnelles. Comment s'en sortir (4e édition – n° 136).

GÉRARD CHANDEZON ET JOËL SALOU

L'insécurité (épuisé – n° 59).

JACQUES CHAUMIER

Travail et méthodes du documentaliste. Pour une exploitation méthodique et optimale de l'information (6e édition – n° 39).

CORINNE CHAUVIN

Concevoir un stage de formation. (1re édition – n° 173).

JEAN-DOMINIQUE CHIFFRE ET JACQUES TEBOUL

La motivation et ses nouveaux outils (épuisé – n° 74).

JACQUES CLARET

Organiser la pensée. Une formation méthodique au travail intellectuel (5e édition – n° 47).

LAURENT COMBALBERT

Le management des situations de crise. Anticiper les risques et gérer les crises (1re édition – n° 171).

VIRGINIE CORNET ET PHILIPPE AURIOL

Le parler-vrai. La méthode Schutz pour être vrai avec soi-même et avec les autres (1re édition – n° 108).

MARIE-HÉLÈNE COU ET CLAUDE DEMEURE

Utiliser efficacement la vidéo en formation (épuisé – n° 111).

MARIE-JOSÉE COUCHAERE

Éduquer la mémoire (épuisé – n° 50).

Le développement de la mémoire. Clés pour une mémoire dynamisée (1re édition – n° 146).

Manager son temps et son énergie (épuisé – n° 125).

REBIHA COUILLET

Être soi. Une démarche pour se réconcilier avec soi (3e édition – n° 124).

SOPHIE COURAU

Les outils de base du formateur. Parole et supports [1] (6e édition – n° 97).

Les outils d'excellence du formateur. Concevoir et animer des sessions de formation [2] (5e édition – n° 99).

Jeux et jeux de rôle en formation (1re édition - n° 175)

PHILIPPE CRUELLAS

Le temps autrement. Le kit de survie des nouveaux nomades (1re édition – n° 135).

MARC DENNERY

Évaluer la formation après la réforme (1re édition – n° 172).

La réforme de la formation professionnelle. Année 2 (1re édition - n° 170).

Organiser le suivi de la formation. Méthodes et outils (2e édition – n° 121).

Piloter un projet de formation. Du diagnostic des besoins à la mise sous assurance qualité (4e édition – n° 132).

GÉRARD DEVAUX

Se préparer à l'oral des examens et des concours (3e édition – n° 77).

MARC DOVERO ET ÉLISABETH GREBOT

Enseigner, former, conseiller avec la PNL (3e édition – n° 93).

VIVIANE DUBOS

Les émotions. Comment s'en faire des alliées avec les outils de la PNL (5e édition – n° 98).

JEAN-CHRISTOPHE DURIEUX ET HANNAH BESSER

Réussissez vos recrutements. De la définition du besoin à l'intégration du collaborateur (1re édition - n° 165).

VICTOR ERNOULT, JEAN-PIERRE GRUERE ET FABIENNE PEZEU

Optimiser les ressources humaines dans l'entreprise (épuisé – n° 53).

ALAIN FRÉDÉRIC FERNANDEZ ET FRANK SAVANN

Manager la formation après la réforme. Responsable RH, responsable formation : vos nouvelles missions (1re édition - n° 167).

ODILE FEVRE ET ÉRIC SCHULER

L'affirmation de soi au féminin. L'assertivité au féminin (1re édition – n° 114).

MICHEL FUSTIER

Pratique de la créativité (épuisé – n° 33).

PHILIPPE GABILLIET
Savoir anticiper. Les outils pour maîtriser son futur (1re édition – n° 137).

PHILIPPE GABILLIET ET YVES DE MONTBRON
Se former soi-même (épuisé – n° 126).

BERNARD GANGLOFF
Les techniques de recherche d'emploi (1re édition – n° 104).

BERNARD E. GBÉZO
Agressivité et violences au travail. Comment y faire face (2e édition – n° 142).

CHANTAL GENSSE
Le manager aux 5 passeports (1re édition – n° 153).

MICHEL GIFFARD
Développez votre intuition et celle de votre équipe (épuisé – n° 92).

PATRICK GILBERT ET CHRISTIAN CHARDON
Analyser l'écriture. Une démarche et un outil nouveaux en graphologie (2e édition – n° 67).

LAURENT GODBOUT
S'entraîner à raisonner juste (épuisé – n° 78).

ÉLISABETH GREBOT
Images mentales et stratégies d'apprentissage. Explication et critique. Les outils modernes de gestion mentale (2e édition – n° 101).

ANDRÉ GUITTET
Développer les compétences par une ingénierie de la formation (2e édition – n° 107).

HUBERT JAOUI
Créativité, mode d'emploi (3e édition – n° 81).

HUBERT JAOUI ET FRANÇOIS-MARIE PONS
La communication pratique au service des entreprises (épuisé – n° 94).

ALAIN JOLIBERT ET MAUD TIXIER
La négociation commerciale. Études de cas. Préparation et stratégie (1re édition – n° 76).

PHILIPPE KAEPPELIN
L'écoute (épuisé – n° 70).

ALAIN KERJEAN
L'apprentissage par l'expérience. Pour développer les compétences stratégiques (1re édition - n° 174).

PATRICK KORENBLIT, CHARLES NEUMAN ET CHRISTIAN JEANGUIOT
Mettre en place les entretiens professionnels. L'évaluation après la réforme (1re édition - n° 162).

PATRICK KORENBLIT, CAROLE NICOLAS ET HÉLÈNE LEHONGUE
Construire son projet professionnel à partir du bilan de compétences (1re édition - n° 157).

JEAN-FRANÇOIS LABOREY
L'entretien annuel d'appréciation et de carrière (épuisé – n° 88).

ANNE-MARIE LAPORTE-CASTELNAU ET BRIGITTE LAPORTE-DARBANS
La gestion de soi. La voie nouvelle du management (2e édition – n° 103).

JEAN-LOUIS LASCOUX
Pratique de la médiation. Une méthode alternative à la résolution des conflits (2e édition – n° 144).

DANIEL LATROBE
Gérer efficacement son temps et ses priorités. Une logique du plaisir (4e édition – n° 139).

PIERRE LEBEL
Améliorer la qualité de vie au travail par la participation (1re édition – n° 80).
Métrologie, mesure et maîtrise des communications (épuisé – n° 28).

CLAUDE LEBŒUF ET ALEX MUCCHIELLI
Le projet d'entreprise (épuisé – n° 69).

ÉDOUARD LIMBOS
L'animation des groupes de culture et de loisirs (5e édition – n° 35).

YVES-FRÉDÉRIC LIVIAN
Gérer le pouvoir dans les entreprises et les organisations (1re édition – n° 71).

CHRISTOPHE LUNACEK
La délégation efficace. Pour un nouveau management plus responsabilisant (1re édition – n° 105).

LUC MARSAL
La détection des potentiels. Pour une gestion anticipée des ressources humaines et des carrières (1re édition – n° 131).

ARLETTE MUCCHIELLI
Apprendre à coopérer. Repenser la formation (1re édition – n° 134).

JACQUES NIMIER
La formation psychologique des enseignants (1re édition – n° 112).

DANIEL PEMARTIN
Réussir le changement (épuisé – n° 68).

PHILIPPE PIGALLET
Méthodes et stratégies de lecture (épuisé – n° 57).
Les outils de la pensée. Éduquer le sens critique (1re édition – n° 127).

HENRY RANCHON
Construire votre management d'équipe (1re édition - n° 169).

CHRISTIE RAVENNE
Gérer les tournants de carrière (1re édition – n° 72).
Les nouvelles missions du management (épuisé – n° 75).
Rechercher et innover en groupe (épuisé – n° 58).

GUY ROUDIÈRE
Décrypter les débats télévisés. Outils et pratiques (1re édition – n° 138).
Mieux s'exprimer pour convaincre et agir (1re édition – n° 120).
Traquer le non-dit (1re édition – n° 151).

GUY SABON
Formation des tuteurs et des maîtres d'apprentissage. Pour une intégration réussie des jeunes dans l'entreprise (1re édition – n° 106).

GUY SABON ET JEAN-MARIE JIVEL

L'entretien de recrutement. Des outils et des méthodes pour mieux recruter (épuisé – n° 96).

CHANTAL SELVA

La programmation neuro-linguistique appliquée à la négociation (épuisé – n° 86).

CHANTAL SELVA ET GUY MISSOUM

Savoir définir et gérer des objectifs. Une stratégie de la réussite (3e édition – n° 91).

LOUIS TIMBAL-DUCLAUX

La communication écrite scientifique et technique (épuisé – n° 84).

L'expression écrite. Écrire pour communiquer (6e édition – n° 42).

ARLETTE YATCHINOVSKY

L'approche systémique. Pour gérer l'incertitude et la complexité (4e édition – n° 133).

Accompagner et réussir les transitions (1re édition – n° 160).

Mieux vivre le changement. Accompagner et réussir les transitions (1re édition - n° 160).

ARLETTE YATCHINOVSKY ET PIERRE MICHARD

Le bilan personnel et professionnel. Instrument de management (4e édition – n° 87).

Histoire de vie. Une nouvelle approche pour repenser sa vie autrement (1re édition – n° 110).

ACHEVÉ D'IMPRIMER EN AOÛT 2006 SUR LES PRESSES DE CORLET, IMPRIMEUR, S.A.
14110 CONDÉ-SUR-NOIREAU - NUMÉRO D'ÉDITION : 3180 ED 2980
DÉPÔT LÉGAL : AOÛT 2006 – NUMÉRO D'IMPRESSION : 94181

Imprimé en France